Christoph Kleinhubbert · Die geheime Ordnung der Welt

Christoph Kleinhubbert

Die geheime Ordnung der Welt

NordPark

Bibliografische Information der Deutschen Nationalbibliothek
Die Deutsche Nationalbibliothek verzeichnet diese Publikation in der Deutschen Nationalbibliografie; detaillierte bibliografische Daten sind im Internet über http://dnb.d-nb.de abrufbar.

Rechtschreibung und Zeichensetzung sind Absicht des Autors

Originalausgabe
2017

Gesetzt in der Sabon
Herstellung: Books on Demand GmbH, Norderstedt
Printed in Germany
ISBN 978-3-943940-31-2

NordPark Verlag · Klingelholl 53 · D 42281 Wuppertal
www.nordpark-verlag.de

MIX
Papier aus verantwortungsvollen Quellen
Paper from responsible sources
FSC® C105338

Inhalt

I	Ordnung	9
II	Erosion	49
III	Osmose	77
IV	Schleifen	105

Bei Puppenspielern tanzt die
Wahrheit am seidenen Faden

Altes persisches Sprichwort

I.

Ordnung

Es wird dauern
alles wird dauern
bis zum Schluss
aber die Steine
werden
nicht
sprechen

Chinesische Weisheit
frühes 16tes Jahrhundert

Beten

In sehr schlechten Zeiten ist der Mensch fähig ein Gebet zu sprechen, dann reckt er Hände und Kopf in den Himmel, spricht sein Bitten und Flehen aus, sucht Kontakt, gibt sich rituell einem Wesen zugewandt, das kein Auge je gesehen und kein Ohr je gehört hat. In guten Zeiten denkt der Mensch nicht ans Beten, da will er leben.

Von allen Lebewesen betet nur der Mensch. Der Mensch bittet für sich im Gebet, soll er für andere beten, fehlt ihm der Glaube. Für die schlechten Zeiten hat der Mensch sich Gebetshäuser gebaut. Die Steine dafür sind mit Blut bezahlt.

Butterdose

Spricht man das Wort »Butterdose« langsam und betont in einen stillen Raum, löst es eine Reflektion darüber aus, wie die Aufbewahrung des fettreichen Aufstrichs in ihr vor sich geht. Fehlt es an der Butter in ihrem bewahrenden Bauch, ist eine Butterdose nichts wert. In zweckunerfüllter Existenz bleibt sie eine gewöhnliche Dose. Eine Dose von vielleicht metallener Beschaffenheit. Man hat aber auch von Kunststoffdosen gehört, die dem Vernehmen nach geschmacksneutraler beherbergen sollen. Erst durch die Butter in der Dose wird eine Dose zur Butterdose. Das ist eins ihrer Rätsel.

Ein Stück Butter, das in ihr seine haltbarkeitsbegrenzte Zuflucht gefunden hat, verändert seine äußere Erscheinung in Abhängigkeit zu der sie umgebenden Temperatur. In eisiger Kälte wird Butter zu flitschigem Stein. In reichlicher Wärme wird sie weich, schmilzt dahin, wie unter dem Eindruck großer Sehnsucht. Von derartigen VerwandlungsVorgängen in ihrem Inneren ahnt und weiß die Butterdose nichts.

Für Gotthilf Rivinius, ausgewiesener Experte auf diesem Gebiet, ist dies ein sehr lehrreiches Beispiel für das Scheitern jeder einseitig betriebenen Kommunikation. Er spricht sogar von der »Dummheit der Dose«.

Engel

Menschen sehen Engel als Wesen aus Licht, die sich in Schatten manifestieren, feinstoffliche Geistwesen. Engel folgen eigenen Gesetzen, geben sie sich jemandem zu erkennen, dann nur aus freien Stücken. Auch in größter Not, ist es nicht möglich, jemand anderem einen Engel zu schicken.

Da ist ein kleines Mädchen, es liegt lange schon in Fieberträume gefangen, es fühlt einen schweren, düsteren Schatten, der sie in eine Bodenlosigkeit zieht, an einen Ort, der tief verborgenen in ihr selbst liegt. Dieser Ort, der ein Aufbewahrungsort ihrer Seele ist, kann nicht mit Worten erreicht werden. Es ist ein diffuser, wie in Nebelschwaden schwimmender Ort, irgendwo in ihr, nicht bestimmbar, nicht lokalisierbar, nicht auffindbar. Selbst schärfste Schnitte durch Haut und Fleisch legen ihn nicht frei.

Hält ein dunkler Engel einen im Fieber umschlungen, giert es ihn nach dem inneren Funkeln. Ein dunkler Engel kann nur von einem weißen Engel besiegt und vertrieben werden. Tritt ein weißer Engel schützend an ein Krankenbett, kann seine Aura Fleisch und Seele heilen. Der Schutz eines weißen Engels wirkt zeitlebenslang. Das Licht eines Engels verliert sich immer bei Tag im Sonnenschein.

Entkommen

Ein Mann führt einen Hund aus. Der Hund schüttelt die ihn würgende Schlinge ab. Mit zwei schnellen Sprüngen ist der Hund vom Bild. Der noch angeleinte Mann läuft ohne Hund schneller, er ruft laut einen männlichen Namen, schaut immer wieder von rechts nach links. Sein Rufen stellt er dabei nicht ein. Über ihm wechselt das trübe Drücken des schiefergrauen Himmels in die Herbsttöne von Sumpfland. Wenns jetzt regnen sollte, dann Wasser mit Öl, mit Schlangen und Fröschen, auf jeden Fall auch mit Alligatoren.

Ruft ein Berg nach Fisch, verlassen Lachse die Meere, springen an seinen schartigen, scharfen Flanken und Graten hoch, setzen über Buchten und Bäche, springen über Zäune und Gatter, flitschen Gletscherzungen entlang, arbeiten sich stetig bergan, als hätten sie mit einem Mal Flügel. Sie fliegen beinahe den auf sie wartenden BergBären entgegen und sterben dort, in Stücke gerissen von Krallen und Fängen.

Lachse entkommen dem Meer, aber den Bären entkommen sie nicht.

Fenster

Das eigene Stück Garten am Haus. Wieder und wieder, nicht ermüdend, klettert ein kleines Kind auf eine rot-blau-gelb-grüne Plastikrutsche. Ist es oben angekommen, rutscht es sofort nach unten. Dabei gibt das kleine Kind freudige Töne von sich. Es ist glücklich. Wiederholt ruft es nach einer Person, die es Oma nennt. Die so gerufene Frau steht neben dem Vater des kleinen, immer wieder rutschenden, Kindes. Die MutterMutter hört sich Ausführungen zu frisch beschnittenen Sträuchern, Bäumen und Büschen an. An die Seite gestellte SonnenStühle. Aber dieses Jahr nicht mehr, eher nächstes. Weiterentwicklung. Reserven. Planung. Aus dem Haus ruft die Mutter des Kindes nach ihrem Mann. Er soll ihr, bei einer für sie allein nicht zu bewältigenden Verrichtung, zur Hand gehen. Der darüber stehende Himmel bewahrt auch diese Geschichte gut in seinem Gedächtnis auf.

Von einem anderen Ort aus bleiben die Stimmen ohne Bilder. Ein anderes Kind, aus einer anderen GartenGegend, schreit laut den Namen, des noch mit Rutschen befassten Kindes. Da es keine Aufmerksamkeit oder Antwort kriegt, schreit und kreischt es den Namen unablässig bis zur Heiserkeit. Ich schließe bald das Fenster über diesen Ländern. Die Stimmen und Bilder und Menschen in diesen Gärten sind jetzt für sich alleine.

Ein anderes Fenster zeigt hinaus auf einen anderen Ort. In einem modernen Rollstuhl sitzt ein Kriegsversehrter vor seinem Haus. Hier sind seine Erinnerungen verwahrt. Schläfrig wachen seine Augen über den Verkehr. Vielleicht zählt er vorbeifahrende Autos? Fabrikate? Farben? Niemand, der ihm winkt, oder für, oder wegen ihm hält.

Diese Woche steht der Jackpot bei dreiundvierzig Millionen. Es wird ein Hochdruckgebiet angekündigt. Terrormilizen ziehen mordend durch Kriegsländer.

Fenster öffnen und schließen die Welt.

Flora

Eine eierlegende Kleinschweinrasse, hier die Knollensau (Systema Naturae, Oktavseite 779, Erstausgabe 1735) schleicht durch die Elbnacht wie ein Dieb. Ihr reichhaltiger Fleischatem ist es schließlich, der sie geradewegs verrät. Sie wird überführt.

Aus einem BienenBau (hier im Bild nicht sichtbar) dringen vehement TrompetenTöne. Sie sind der Länge nach geordnet. Eine Kuckuckspolka auf Weltkriegsgräbern stößt auf Kritik. An warmen Tagen bilden sich oft Schlangen vor Eisdielen.

Schlachtwarme Hähnchen nehmen begierig Wasser auf. Im Paarungskampf halten Hirschkäfer den Kopf gesenkt. Schnell verkanten sich ihre Geweihe. Bei aufziehendem Unwetter verändert sich ihr Geschlecht.

Rousseau, ein Charmeur aus Wolkenheim, fliegt mit aufgestelltem SchwalbenSchwanz zum Tanz. Der dafür gerupfte Vogel hasst ihn sehr. Von heute zweihundertneunundsiebzig Jahre hinterher.

Es heißt im Süden habe sich ein Blütenmeer entgegen eindeutiger Weisung nicht geteilt.

FunkenFlug

Das Großwachsen und Aufstreben beginnt bereits in absoluter Finsternis. Mit noch verklebten Augen und abgeschalteter Atmung, liegt man zusammengerollt in einem Bauch. Hier trifft man einen kleinen Lichtfunken, der das Leben auslöst und die Geburt beginnt. Bürokratie und Ordnung setzen ein, eine Urkunde wird produziert.

Springt der Lichtfunke wieder von einem ab, stirbt man und fällt zurück in absolute Finsternis. Bürokratie und Ordnung setzen ein, eine Urkunde wird produziert.

In Träumen sieht man häufig menschliche Körper, die mit dem Fluss ins offene Meer hinaus treiben. Sie tragen Lichter auf Kopf und Brust. Die Daseinswelt füllt die entstandene Leere mit Erinnerungen, die untereinander ausgetauscht werden. Herz und Seele werden erleichtert, es wird umgeschichtet, zurück gekrempelt und kräftig aufgeräumt. Das Weiterleben ist nur mit aushaltbaren Erinnerungen möglich.

Gruppenbild

Die Personen, die sich hier zu einer Gruppe eingefunden haben, schauen auf einen Mann, der jetzt vor sie getreten ist. Der Mann spricht Anweisungen aus, denen er mit Gesten seiner Arme und Hände Gewicht verleiht. Den Anweisungen wird Folge geleistet; die Anwesenden stellen sich, der Größe nach aufsteigend, zu einem quadratischen Block auf. Die erste Reihe sitzt auf herbeigeschafften Stühlen. Jeweils eine ältere Person steht an den Seiten, rechts und links, der in Form gebrachten Gruppe.

Ein dreibeiniges Stativ trägt eine Kamera. Sie wird wiederholt an unterschiedlichen Stellen vor die Gruppe gestellt. Leicht nach vorn gebeugt schaut der Mann durch ein kleines gläsernes Auge in die Kamera. Auf ein weiteres Zeichen seiner rechten Hand (sehr spontan) versteifen sich Körper. Alle erhalten ein neues Gesicht.

Der als Bild festgehaltene Moment ermöglicht später einen Blick auf das wahre Wesen der Zeit.

Kniefall

Exakt ausbalanciertes Hinstellen des Körpers auf das rechte Knie und das darunter gestellte Schienbein ist eine echte Kunst. Dabei wird das linke Bein so angewinkelt aufgestellt, dass darauf ein Ablegen des Oberkörpers in vorgebeugter Haltung möglich ist. Dann folgt leises Sprechen ruhiger Sätze. Fast ein Murmeln. Nicht genau verständlich, aber ahnbar. Die Stille ringsherum nimmt die Worte auf. Was ist der Antrieb zu dieser Übung?

Einer sagt: Die Politik der kleinen Schritte führe ins Nirgendwo. Die zur Scheibe zurückgewünschte Welt rotiert ums Leuchten. Im Namen eines gerecht genannten Gottes, der immer öfter angeführt wird, erhalten Schwache Brechstangenschläge. Ein Gericht sitzt zu Tisch.

Mit Kniefall ausgelegte Beileidskränze machen nach Hinten nichts wieder gut, sie verändern die Welt nach Vorne raus.

Koffer

KofferKammern wie diese hier, sind ein Ort des Wartens, sie wurden für diesen Zweck errichtet. Bebend liegen sie in Regalen, neugierig und immer aufm Sprung. Von hier aus kann die ferne Welt schneller erobert werden. Vollgepackt mit Erwartungen ziehen Koffer an ihren Trägern. Kommen sie zurück, wollen sie erzählen.

Große und starke Exemplare haben im Laufe der Jahre eine doppelt umlaufende Alukante entwickelt. Zudem ist ihre Brust – und Bauchpanzerung ausgeprägter. Dies schützt jedoch nicht vor Stürzen aus großer Höhe oder vor den Auswirkungen starker Explosionen.

Sie überwintern gerne gemeinsam in großen Populationen. Vor dem monatelangen Schlaf haben sie Fett und Stärke gespeichert.

Knopf

Allein schon wegen des Drucks von Blut und Gedanken ist es im Kopf nie wirklich still, es rauscht vernehmlich. Hält man den Blick längere Zeit auf einen unbestimmten Punkt hinter dem eigentlichen Punkt gerichtet, wird der Blick zuerst an den äußersten Rändern unscharf. Kurz darauf verliert er sich ganz. Von ganz besonderer Bedeutung sind die überall auf dem Körper verteilten Knöpfe. Der kleine Knopf hinter dem linken Ohr wirkt zB gegen Leichtsinn.

Der Innere Feind schläft nie.

Den Knopf gegen den Inneren Feind findet man nur in Tiefschlafphasen.

Kreuzfahrt

Es ist eine Eigenheit des Meeres, dass es an einem Tag aus sich heraus in einem tiefen Blau leuchten kann. An einem anderen Tag leuchtet es grün oder dann, nur wenige Tage später, liegt es beinahe unbewegt da, lackiert in einem mattschimmernden Grau. Unter dem Tiefstand der Sonne kann das Meer brennen, dann tanzen schmelzende Schaumkronen auf den unruhigen Wellen. Das Meer muss jeden Tag ein anderes sein, so will es seine Natur. Es kennt keine Wiederkehr. Heute ist es bunt und schillernd, die Farben springen auf der Netzhaut, da sind fliegende Fische, im Postkartenhimmel stecken an weißwolkiger Schnur zwei Gefechtsflieger. Die Schnüre wandeln sich in aufschäumende Linien, die sich schneiden, sich verknoten zu einem kleinmaschigen Netz. Hier verfängt sich der Augenblick, der kleinste gegenwärtige Moment.

Auf dem Sonnendeck gibt es Cocktails mit Meeresfrüchten und gekühltem weißen Wein in gläsernen Schalen. Durchbricht ein Flieger die Schallmauer, gibt es einen erschreckend lauten Knall. Man sagt, dass ein Pilot in diesem Moment ganz kurz in die Zukunft sehen kann.

Lawinengefahr

Zur Stadt heraus steht die Blechlawine. Zitternde Flanken auf kochendem Asphalt. Im Leerlauf drehende Motoren. Geschwindigkeit bleibt Konjunktiv. Das Tempo mit dem sie hier stehen werden, bis zum folgenden, jungen Tag. StillStand unter einer klarblauen Himmelsdecke. Ohne Benzin sterben Motoren. Zunehmende Stille. Der Strom, der langsam erkaltet.

Aus einem roten Auto steigt ein Mädchen, verlässt ruhigen Schrittes, über die von linksunten nach rechtsoben aufgespannte Diagonale, die befestigte Zone und wird unsichtbar in einem hochbewachsenem Feld. Ein schnell aufsteigendes Suchgeschwader durchkämmt Luft und Land mit riskanten Manövern. Das Mädchen bleibt verschluckt. Der Behördensprecher geht davon aus, sie wurde von der Freiheit gefressen.

Maschinen

Für den Verkehr zugelassene Maschinen werden von Menschen mit kindlichem Stolz und ernsthafter Entschlossenheit mit Händen und Füßen beherrscht. Frauen bevorzugen offene Maschinen, in denen sie mit gleichgültigem Blick dasitzen können, die Augen schwarz verglast, den Mund verächtlich ausgeformt. Männer rauchen gerne in der Maschinenzelle, sie entlassen blauen Qualm durch einen ScheibenSchlitz, gibt es eine laute Melodie, trommeln sie dazu mit Daumen und Zeigefinger aufs Lenkrad. Sitzen Hunde und Kinder mit in der Maschine, schauen sie unbeteiligt nach außen.

Die zur Fortbewegung konstruierte Maschine wird wöchentlich gehegt und sorgsam gereinigt. Ihre Halter finden Bestätigung über den Wert, den Passierende ihrer Maschine mit sprechenden Blicken beimessen. Stehen Maschinenhalter wartend unter einem roten Licht, pfeifen sie in unbeobachteten Momenten eine kleine Melodie ohne Lied.

Nachkrieg

Matschobst, Gummikäse, Knorpelstücke, Hautfetzen, Schabefleisch, Wursthäute. Abfall für alle. Für Räusche reicht die tägliche Schmach. Im Schlangenanstand werden Wünsche im Geiste wiederholt, auswendig gelernt. Wird davon gesprochen, wo es überallalles noch hinkönnte, klingt es wie ein schönes Gebet.

Doch es ist zu spät. Zu spät. Zu spät, einfach nur zu vergessen.

Eisern schwitzen Maschinen im Öl. Rauchfahnen stechen den Himmel. Das Mahlen und Stampfen, die tiefen Seufzer der Fabriken. Das ist der Takt der Welt. Schlaflos bebende Erwartung liegt in der Luft, versüßt den Gestank des Atems.

Doch es ist zu spät. Zu spät. Zu spät, einfach nur zu vergessen.

Aus Rotz und Wasser und Asche wird Balsam. Salz für die Wundrandkrusten, gestreut auf das Loch zwischen Kopf und Bauch. Ein Anwehen von Blutwurst und Bier.

Der Geschmack der Heimat nach Art eines Hauses, das Goldene vom Kälbchen. In einem Bierglas schwimmen eingefangene Sonnen. Ein warmes Leuchten. Es folgt ein Sommertagausflug in den irgendwo, da hinten liegenden Süden.

Zu spät, es einfach nur zu vergessen. Wir werden all dies nicht vergessen. Erinnert man sich, ist die Zeit zwischen Vergessen und Erinnern namenlos.

Papiersterne

Papiersterne sind Lügner, Blender, Ablenkungsmanöver. Es liegt in ihrer Natur, dass man ihnen nicht vertrauen kann, da ist etwas in ihrer Natur, das sie mit StrohSternen gemeinsam haben.

Papiersterne sind gerissene Gaukler, zugeschnitten, gefaltet, zusammengelegt, geklebt. Sie sind nicht wasserfest. An dünnen Fäden werden sie an Winterfenster gehängt. Dort schaukeln sie, scheinbar schwerelos, in leichter Thermik.

Papiersterne entstehen meist in den Stunden einer Zeit, die aus Kuchen, Kaffee, Kakao und Kerzenlicht besteht.

Papiersterne sind Vorboten voller Teller, einer rauschhaften Erfüllung und eines festlich gestimmten Blickes auf die lichtabgewandte Seite der Stadt, dabei immer wohlwollend ruhend auf den Rücken der in ihren Steinbrüchen lebenden Höhlenbewohner.

Wenn die Augen sich umsehen, kommen sie mit Bildern zurück. Zu Papier gebracht schweben sie als Gedichte vor Fenstern oder stürzen über den Nachthimmel, steinschwere Schnuppen, eiskalte Kometen, schnell verflackernde Abbilder von uns selbst.

Polarnacht

Werden SeeSterne von MiesMuschelbänken abgetragen, gehen sie im Meer verloren. Mit dem Licht kommt der Fisch. Wenn sich die Dunkelheit der Polarnächte langsam auflöst und sich das Tageslicht allmählich wieder zeigt, kehrt der Winterkabeljau zurück an seine Laichplätze. Nach März entschwindet dieser großartige Schwimmer wieder in den Weiten der Barentssee. Dann gehen die Fischer an Land, tanzen mit ihren Frauen und Kindern, gehen den Sommer holen.

Im Land springen Fische die Berge hinauf. Dort werden sie mit offenen Armen empfangen.

Reisende

Steigen Menschen in Busse und Bahnen, verlieren sie schnell ihr gewohntes Gesicht. Ihr neues Reisegesicht zeigt sich abwesend und ist den Anstrengungen des Reisens unterworfen. Landschaften stürzen vorbei, Stunden werden lange Tage, diese neuen Gesichter, die sich nicht mitteilen, sind für die Fahrt geeignet. Weil sie miteinander fremd sind, sprechen sie nicht viel, bleiben in sich verschlossen, geben sich nicht preis.

Reisende erhalten ihr Gesicht zurück, wenn aus Entfernungen eine Erinnerung wurde.

Menschen, die aus Krankenhäusern entlassen werden, erhalten am Ausgang ihr altes Gesicht zurück. Dann treten sie mit gekniffenen Augen ins Tageslicht, hören sich in ihrem inneren Nebel singen, so wie sie einst als Kind sangen, dass die Welt leuchtet.

Menschen, die an Orten leben, an denen die Zeit sich dehnt und die Leere zwischen den Dingen endlos ist, verlieren schnell den schöneren Teil ihres Gesichts. An diesen Orten sind sie eine Belastung, sie werden nicht beachtet. Menschen, die man nicht beachtet, gehen verloren.

Rettung

Zur Mondstunde sitzt ein Mann an einem Teich. Da er dazu berufen ist, spricht er sieben mal sieben Worte. Dann versinkt er in sich selbst. Die Worte, die ein silbriges Licht annehmen sinken ein zur Teichmitte, verharren dort in sanftem Schimmer. Sie bleiben dort viele Tage lang.

Die anderen Worte schwimmen auf dem Teich, treiben daher, wie auf Seerosen gebettet, finden zueinander, bilden immer wieder neue Sätze. Trennen sie sich auf, verflechten sie sich in kaum messbarer Zeit erneut. Die oben treibenden und die unten schimmernden Worte sind eins. Der Mann am Teich hat sie zur Rettung einer Seele in die Welt gesprochen. Dies kann nur zur Mondstunde gelingen.

Schwerkraft

Mit der Schwerkraft verhält es sich so wie mit der Spiegelmagie, man versteht sie nicht. Die Schwerkraft ist so zu verstehen, dass, an welche Gegenstände man auch immer sich klammert, man zurück in den Kern der Welterde fällt, die Erde unter der Erde, das Wasser unter dem Wasser, der Stein unter dem Stein, das Feuer unter dem Feuer, das Gas unter dem Gas, in den Schoß der alten Mutter. Durch die Schwerkraft entsteht und endet alles.

Schwerpunkt

Die Nägel werden einmal in der Woche gereinigt. Das Schwarze auf die Kante gelegt, für später. Ein Besuch bei Gott, der von einem nichts hält. Fremde Augen in Schränken und Töpfen. Leichter Südwestwind bringt die flutlichtstrahlenden Fabriken näher. Hinterm Haus knirscht es in der Nacht. Bewegung in Büschen. Rascheln in Sträuchern. Niedergetretenes Gras teilt sich nicht mit. Was näher kommt, sind Schritte. Noch vor Aufgang der Sonne beginnt ein Umstellen.

Ein Arzt rät zur Verlagerung des Schwerpunkts. Abrücken von der Kopflastigkeit. Abtreten von Erklärungen. Schwerpunkt und Schwerkraft gehören nicht zur gleichen Physik.

Symbiose

So manches Lexikon will von einem Rektalinspekteur nichts wissen, dabei ist dies (folgt man den dazu veröffentlichten Ausführungen der Interessensvertretung ebendieser Rektalinspekteure) eine ausnahmslos ehrbare Berufung. Findet man doch gerade hier, unter den Rektalinspekteuren, nicht selten äußerst akribische Forscher, die, nach dem rückwärtigen Eindringen und mittels systematischer Analyse der vorgefundenen Enge, durchaus respektable Erkenntnisse vorweisen können.

Nicht viel anders verhält es sich wohl mit Wendehälsen und Schleimleckern. So ist ein windwendisches Verhalten für sich genommen, längst nicht der allein gültige Beleg für eine Charakterschwäche oder gar einen ungebremsten, von sich selbst ehrgeizig abgeforderten Weg, nach Ganz Oben; wo auch immer dieses Ganz Oben auch ist.

Rektalinspekteure, Wendehälse und Schleimlecker findet man häufig im Umfeld sogenannter Repräsentanten, die sich in strukturierten und organisierten Organen verrichten. Ein ursächlicher Zusammenhang ist nicht bewiesen.

In der Wirklichkeit lässt sich eine Wahrheit nieder und treibt seltsame Blüten. Im Leben zählen Beziehungen.

Toter Mund

Wird jemand der etwas auf dem Herzen hat nicht sofort angehört, flattern ihm nicht ausgesprochene Worte in der Mundhöhle, wilde Vögel, fliegende Mäuse, hungrige Hunde. Von Herzen kommende Worte müssen sofort gesprochen werden, sonst werden sie bitter, werden zu dem, was wir in Tränensäcken aufbewahrt mit uns tragen. Ein verschlossener Mund, der nicht spricht, ist ein Nichtmund, einer der das Wort nicht führt.

Worte, Worte, gedacht, aber nicht zur Sprache gebracht, stehen gestaut im Sprachrohr, auf einen roten Faden aufgezogen. Toter Mund bleibt stumm, tut sich nicht kund. Wer für sich allein spricht, darf nicht das letzte Worte haben.

Wortakrobaten drehen Sprechenden mit geschicktem Griff das Wort im Mund um, verbieten es weiter zu führen. Zudem können sie Wortführern lichtschnell das Wort abschneiden. Über das Schicksal abgeschnittener Worte ist nichts bekannt. Es gilt das gesprochene Wort, sagt eine Obere Stelle. Daher geben derartige Vorfälle Anlass zu großer Sorge. Jeder Einzelne hat die Pflicht, dies im Auge zu behalten.

Träne

Wie in dieser Träne: alles ist darin enthalten. LandLäufig wird auch das Wort »Konserviert« bemüht, um nah am Kern der Sache den eigentlichen Mittelpunkt des Gegenstands von Interesse zu beschreiben. Was zu beschreiben sich dem Betrachter bietet, wie das hier auszumachende, leicht nach links oben geknickte Beinchen, dieser bestimmt sechsundfünfzig Millionen Jahre alten Culiseta annulata, ebenda auch als Riesenhausstechmücke bezeichnet. Im Stechanflug wurde sie unverhofft von einer herabfallenden Träne getroffen und fest umschlossen, so dass sie sich unmittelbar in tragisch ausweglos klebriger Lage wiederfand. Auch vor sechsundfünfzig Millionen Jahren kam es immer wieder vor, dass Bäume grundlos tränten oder ein träumender Berg sich tieferer Trauer hingab und abrutschte.

Die Culiseta annulata, wie auch die Culex quinquefasciatus, können in derart abgeschlossener Umgebung von dem, in ihrem Insektenkörperchen noch eingelagertem Altblut, beinahe ewig lange zehren. Es gibt Beweisanordnungen. Als gesichert gelten um die siebenundfünfzig Millionen Jahre.

Was einer Tatsache entspricht ist kein hütenswertes Geheimnis. Interessant für die allgemeine Milbenforschung ist jedoch, was die Culiseta annulata auf Flügen aus fremden Wohnungen mitnahm (siehe hierzu: Christian von Hafimax, Über Mücken und Elstern, Eigenverlag, München, Erstauflage 1897). Rivinius hält es für ein Werk von herausragender Bedeutung.

Jungen Forschern mangelt es heutzutage am Gefühl für die Wirklichkeit der Alten Welt.

Übereinkünfte

Das hier ist das Niemandsland, die Welterde, sie gehört keinem, sie gehört allen Menschen zu gleichen Teilen.

Mein Haus ist eins, das der Tod nicht kennt. Geht er vorbei, lebe ich auf immer im angstfreien Raum.

Zimmer, das sind die Räume, in die wir uns privat begeben. Hier können wir uns begreifen.

Durch Gesellschaften gehen Risse. LichtLanzen stechen in dunkle Zimmer durch die Spalten morscher Läden. Manchmal tanzt Staub im Licht. Ein Misch aus Joghurt und Kuhdung ist denkmalgerechter Kitt. Bei Gesellschaften funktioniert dies nicht.

Über das Schicksal der Paarungen »Glück / Unglück« oder »Sieg / Niederlage« entscheidet die Summe gesammelter Augenpunkte. Wie viele Versuche? Werden eigens dazu aufgestellte Regeln gebrochen, gibt es neue Regeln.

Weben und werben, weben und werben, soziale Verausgabung, vor und zurück, Facebookken, Whatsappen, Twittern, das komplizierte Digitalisieren über die Einigung, das Aushandeln von Art, Umfang und Weise und Intensität des herbeigesehnten Aufeinandertreffens, called Beischlaf, ja ich liebe dich mein Ein und Alles aber ich werds keinem sagen. Echt nicht.

Erst gehen die Namen fort, dann die Gesichter. Wer nicht weiter weiß, denkt sich ein anderes Leben aus.

Durch Zuführen von Hitze lassen sich die inneren Schichten von den äußeren Schichten trennen. Das ist die Umkehrung der Galvanisierung.

Die wirkliche Kraft der Dinge liegt in ihren Gedanken.

Reisen zu Ruinen. Das sind keine Orte sich aufzubewahren.

Lässt man die Beine so hängen, hat man im Rücken noch Luft.

Die Stadt macht sich schick für die Nacht, überlässt sich den Fenstern ihrer hohen Häuser.

Der Sachverstand eines Lineals, seine Aufrichtigkeit. Die Grenzenlosigkeit einer Geraden.

Die Erotik totbringender Waffen.

Wird Liebe zu süß, bringt sie einen am Ende um.

Untergrund

Tief im Bauch der Stadt gibt es Bahnhöfe, sie sind lebensinnere Orte der Menschen, Umschlagplätze, Angelpunkte der Jäger, der Gestörten, der Frommen, der Insichgekehrten, der Erweckten. Hier treffen Müßiggänger auf Arbeiter, Flüchtige auf Abhängige, Zerstreute auf Träumer, hier begegnen sich Mörder und Opfer, hier wohnen Lust und Gier, hier bettelt der Überlebenswille, hier lassen sich Finalisten fallen. Untergrundhöfe sind freigegrabene Orte der Einkehr und des Verlassens, hier wird gesucht und gefunden, hier leben Sprachen, hier verlieren und finden sich Seelen, hier tönt Musik, hier geschieht ein maskenfreies Erscheinen von Glanz und Elend. In Höhlen taumeln. Es kommt einem so vor, als würde hier, im Untergrund, in den Bahnhöfen, alles beginnen und enden können.

Maschinen rasen durchs Dunkle, treiben einen trockenen, warmen Wind vor sich her. Sie nehmen Menschen auf und bewegen sie in der Tiefe durch den Bauch der Stadt. Hochrechner vermuten fünf Ratten auf einen bewegten Menschen, so sind es wohl bald Millionen Ratten, die in Röhren, Schächten, Tunneln und Trassen, im Gewirr der Gänge und Gleisbetten ihr ungeziefriges Leben leben. Ratten und Menschen sind sich, so sagt man, in vielen Dingen ähnlich, jedoch sind Ratten ehrlich, sie lügen nicht.

Vorhaben

Will man seine Kindheit vermessen, gelingt dies nur mithilfe zweier sich schneidender Parallelen und dem Einsatz von Gradmessern. Aussagekräftig ist ausschließlich die Schnittmenge aus Erlebnishorizont und Weitblick. Eine Kindheit, die vorbeigegangen ist, kehrt nicht wieder zu ihrem ursprünglichen Besitzer zurück.

Hier und da, so hört man, werden Surrogate angeboten. Hierbei handelt es sich um Fälschungen. Ein Handel mit Surrogaten von Kindheiten ist strafbar.

Das Justizministerium hat angekündigt mit aller Härte gegen den Surrogathandel vorzugehen. Dem Vernehmen nach sollen dafür neue Stellen eingerichtet werden.

Wandel II.

Das junge GreisenGesicht ist für einen minimalen, nicht beachteten Augenblick, jemandem ähnlich, einem Fremden, der kürzlich das Leben verließ. Erschöpft, fast verzehrt, erreicht das neue Kind die Welt. Es hält eine zusammengefaltete Nachricht in der linken Hand.

Leben findet statt an einem sehr geheimen Ort. Jetzt bin ich hier, komme aus der Ferne. Fremd geworden gehe ich hin und komme nicht jünger zurück. Ich bin das Licht, ich scheine.

Wandel III.

Der Mensch trägt einen Körper mit sich, in dem er lebt. Wird der Körper zu klein, anfällig oder spröde, lässt der Mensch ihn los. Ein losgelassener Körper wird meist feierlich zu Grabe getragen; zu diesem Zeitpunkt ist der lebendige Leib bereits auf und davon und erscheint später woanders, in neuer Gestalt. Für einen Gestaltwandel, das Erscheinen in neuer Haut, braucht es einem kleinen Riss in der Zeit. Es lebt sich angenehm in einem regenerierten Körper. Eine komplette Regeneration des Geistes wird oft erst nach mehreren Häutungen erreicht.

Da ist ein großes Rad, das sich in einer abwegigen, uns nicht begreifbaren Finsternis dreht. Über dieses Rad sind alle Häute aufgespannt.

Wiedergeburt

Es gibt keine Wiedergeburt. Mit der Wiedergeburt verhält es sich so, dass es dem Wortsinn nach keine »erneute Geburt« ist, sondern ein »Einziehen in einen anderen Körper« ist, denn jeder muss in seiner Stufe (mindestens) einmal jedes Leben gelebt haben. Aus pragmatischen und ökonomischen Gründen leben in jedem neuem Leben dann gleich mehre Tausend alter Leben, so dass auch der Satz richtig ist, wenn einer sagt: »Da schlagen zwei Herzen in meiner Brust« oder »Da sind diese Stimmen in meinem Kopf, die haben mir das befohlen.«

Das Wiedergeburtdasein, diese Neubewohnung, geschieht gleichzeitig zu allen Zeiten. Tatsächlich leben wir vom jeweils anderen nur den kleinsten möglichen Zeitbruchteil entfernt. So klein diese ZwischenZeit auch ist, der Abstand ist nicht überwindbar. Aus diesem Grund ist es dem Menschen auch unmöglich Geisterwesen zu sehen. Geisterwesen leben in kleinen Gemeinschaften im Gestern und zwar genau eine Sekunde von uns entfernt. Sie teilen sich uns nicht mit.

Bei Engeln verhält es sich anders. Engel sind ewig. In jedem von uns ist immer der Bruchteil eines Engels enthalten. Von hier kommt die Stimme, die uns gut berät.

Zentraler Ort

Die Stadt ist unaufhaltbar schnell. Bei ihrer Durchquerung verwandeln sich Hochbahn und Ubahn mehrfach. Wegen der Geschwindigkeit nehmen sich ihre Gäste oftmals selbst nicht wahr. Vorbeifliegende Landschaften lassen sich nichts fragen. Auch Antworten geben sie nicht.

Eine SchutzSchicht aus Licht und Kohlenstoffmonoxid bewirkt verlässlich, dass sich vereinzelte Sternenbilder nicht schwer auf die Gemüter von Nachtschwärmern legen. Unendliche Weite ist kein Fluchtraum. Eine Verführung durch Sternenlicht ist nicht mehr umkehrbar. Wenn Gesandte einer anderen Macht durch die Stadt ziehen, verfolgen sie dabei kein bestimmtes Ziel.

II.

Erosion

Schwaches Verdämmern in der Zeit,
mit der Zeit, kraftlos wachen.
Ist die Zeit gekommen, abschließende
Vorbereitungen einen Schritt weiterzugehen.

Aus der Zeit gehen, Privatdruck,
Wolfgang Ittermann, Usedom, 1954

Abendrot

Wann Wolkenschiffe anlegen oder auslaufen, hängt vom Wetter ab. Bis zu zehn halten sich zum Auslaufen bereit, befestigt an fadenscheinigen Lichtbändern schweben sie vor schmalen, dünnbeplankten Stegen. Im Hintergrund erkennbar sind Häuschen von geringer Höhe, in denen sich Wartende befinden.

Ein Mann mit Hut führt einen quadratischen, einfarbigen Gegenstand aus, wie einen Hund. Zwei Wachmänner riskieren Blicke. Ein kleines Kind, mit einem eilig tropfendem Eis in der Hand, wird nicht beachtet. Angespannte und gelangweilte Gesichter geben einander zu erkennen. Wer sich ein Verreisen nicht erlaubt hat, bleibt außen vor.

Auf festem Boden steht die Stadt. In sanft geschwungenen Bögen führen an einer Stelle Straßen aus der Stadt heraus und an anderer Stelle wieder hinein. Vom Gleis gestellte Züge verrotten landseits auf brachen Feldern. Geräuschlos schneidet ein Einmannsegler das Bild beinahe horizontal von links nach rechts. Man hört ein tiefes, dunkles Brüllen, bestimmt ein Tiergeräusch. Einsetzendes Abendrot löst romantische Gedanken aus.

Anleitung

Eine Kugel gehört in den Lauf, zur Sicherheit kommt noch eine ins Magazin. Den Hahn spannen und auf den Oberkörper zielen. An den Rückschlag denken. Über den Druckpunkt gleiten. Aber fragen sie nicht. Damit bin ich nicht vertraut.

Die Klinge arretieren. Der Griff muss rutschfest ausgestaltet sein. Ein Unterleib ist ideal. Der Bauch hat keine Knochen. Für größere Effektivität zeigt die Schneide nach oben. Zustechen, dann mit fester Faust das Messer hochreißen. Aber fragen sie nicht. Damit bin ich nicht vertraut.

Der Bolzen einer Sportarmbrust durchschlägt jede Schutzweste. Den Bogen spannen, Bolzen einlegen, den Abzug zitterfrei langsam zum Druckpunkt ziehen. Auf den Brustkorb zielen, zur Sicherheit dabei den Atem anhalten. Der erste Schuss muss sitzen, ein zweiter Schuss braucht Zeit. Aber fragen sie nicht. Damit bin ich nicht vertraut.

Für Axt und Säbel braucht man Mut und Kraft. Sie sind nicht leicht unter der Kleidung zu verstecken. Mit beiden muss man schnell und energisch hacken, dabei spritzt sehr viel Blut. Zur Sicherheit auf Kehle gehen.

Fragen sie nicht. Damit bin ich nicht vertraut.

Aber ich leite sie an.

Gänse

Ein sehr gewissenhafter Teufel schuf Teile dieser Stadt nach seinem Vorbild. Pflanzte sein Abbild in den städtischen Menschen ein. Gab ihnen auf »gut zu tun«, mit schlechten Gedanken.

Niemand schreit, da niemand fällt. Keiner steht, so dass keiner sich wieder setzt. Menschen, fühlen sich nicht nach »hier«, das ist so kompliziert, sie fühlen sich »ein Leben weiter«, als gehörten sie nicht nach hier, müssten in einem anderen Leben sein. Fühlt jemand sich in der Mitte leer, wirds Zeit ihn zu füllen. Nachkommende werden unter Schutzatmosphäre ausgepackt. Jeder ist sich selbst das höchste Haus. Hier ist der Mensch der, der er ist, er gibt sich zu erkennen.

Die hier tragen Köpfe aus Holz, genietet, geklebt an Streifenleder, sie sind ins Rückgrat geschraubt, schlackernd schreiten sie Schritt für Schritt und keiner davon führt ins Glück. Sprache ist Leerlauf. Gedanken denken sich von alleine weg. Träume, Gesänge, sind trostlos und weit verrückt.

Als Fremder kann man sich dieser Stadt nicht beliebig von allen Seiten nähern. Immer wieder ist es so, dass sie sich bei Fremden runterduckt, zurückzieht oder zurückschnellt. Das ist nichts, was diese Stadt von anderen Städten unterscheidet. Die Stadt liegt weit unterm höchsten Haus. Das höchste Haus blickt unbeteiligt auf sie, so wie ein hoher Herr auf eine billige Frau sieht.

Ein Himmel gehört über die Stadt, ein Himmel gehört über jede Stadt, um die Bewahrer ihres Abbilds zu schützen. Der Himmel dieser Stadt hört zweihandbreit über den Dachfirsten ihrer Häuser auf. Halbstark scheint die Sonne auf landeinwärts und landauswärts gerichtete Straßen, die die Stadt im Kreis umschließen, rein und raus, in sie hinein und wieder hinaus führen, ein Kreisel, ein bunter Brummkreisel, Sssrrr..., Bbbrrr...

Gänse erzählen unsere Geschichte, sie erforschen unser Verhalten. Sie schlagen vor, den Kopf so zu tragen, dass man ihn nicht spürt. Haltet die Augen blickdicht geschlossen, raten sie, aber sperrt die Ohren auf. Seid aufmerksam. Es ist alles aufs Spiel gesetzt.

Grabstein

Im Frostwind stehen zwei alte Frauen, in der Haltung von Übermannten, still, wie schlafend zwischen Grabsteinen. Schaut man sie nur lang genug an, huscht manchmal etwas wie Unmut über ihre Gesichter und es sieht aus, als würden sie aus dem Inneren heraus ein wenig beben. Doch dann lässt diese Unbeugsamkeit ihre Gesichter schön leuchten, sie wollen ableben, was Rest ihrer Gegenwart ist.

Sie gehören schon in die Erinnerung anderer, sie kommen aus einer langsameren Zeit, in der alles leicht und warm und aus Liebe zueinander geschah. Jetzt warten sie in sich gekehrt, eingerichtet in einer stetigen Wiederholung ihrer vergangenen Tage, als wollten sie fragen: Was gibt mir schon der nächste Tag?

Über ihren Köpfen, in den blattleeren Winterkronen hocken Raben, wie späte, schwarzvertrocknete Früchte. Sie sitzen in den Zweigen und beobachten, sie belauschen die Stimmen an den Gräbern, sie atmen den WinterWind und denken nichts. Was man zwischen den Grabsteinen hört ist die Abwesenheit aller Geräusche. Dem Leben fehlen alle Farben.

Grünpflege

Mit dem Rad führt ein Teil des Arbeitsweges durch den Stadtteilpark. Die Laubkanonen stehen heute schweigend neben dem Kriegerdenkmal, darauf kann man sieben steinerne Soldatengesichter erkennen. Mit dem Kärcher gibts eine Breitseite gegen Moos und Taubendreck, der auf den Granithelmen sitzt, dann wird ein frisches Kiesbett aufgeschlagen, junge Pflanzen gestopft in aufgerissene Münder, taub gebombte Ohren, leere Augen.

Am Abend liegt zu Füßen der Gedenktoten eine Brotdose (so eine wie sie Schulkinder haben, hier mit einem kleinen Drachen drauf) und eine leergetrunkene Flasche Bier. Das Steindenkmal wirkt wie ein Grabstein, die eingeschlagenen Buchstaben sind in frischem Gold nachgezogen: VERGESST UNS NICHT. Jemand hat mit schwarzer Farbe ein Hakenkreuz auf den vorderen linken Steinhelm gemalt, ein anderer hat das Zeichen später mit Rot durchgestrichen. Ein Mann führt seinen Hund im Park aus. Sie laufen an dem Kriegerdenkmal vorbei. Der Mann nimmt die leere Flasche auf. Der Hund macht an den Stein.

Innen

Geschützt von Lidern rollen in Momenten tiefsten Schlafs die Augen im Kopf, schaut sich der Mensch im Schlaf von Innen an. Im Aufwachen denkt er, so weit sind wir also schon gekommen. Die Größe dieses Augenblicks liegt bei jungen Menschen noch tief im zukünftig Verborgenen.

Die absolute Schwärze, die in einem ist, kann nicht beschrieben werden. Dazu kommt die Stille der Tauben, hier drängen sich Organe auf engstem Raum ineinander. In den feuchten Winkeln und Nischen ist kein Platz für einen Gott, oder Engel, oder Geister. Auch wenn der Mensch ganz angestrengt in sich hinein hört, erfährt er nichts, hört nicht einmal sich selbst. In sich eingeschlossen ist der Mensch für immer alleine.

In seinem Inneren ist der Mensch ohne Gefühle. Erst durch die Begrenztheit des eigenen Körpers hat der Mensch einen Bezug zur Weite der Welt. Manche können aus sich herausgehen. Wieder andere können sich teilen. Wer in andere dringen will, scheitert an der Grenze der fremden Haut.

Kapitulation

Am Steg stehen Menschen, ihre ausgestreckten Arme deuten in die klare Luft. Man sieht weiße Tücher, sie werden zum Winken in der Luft geschwungen. An langen Fäden werden unterseeisch Schiffe in alle Richtungen gezogen. Es kann ein Winken zum Verabschieden sein, oder auch als ein WillkommenWinken gedeutet werden. Alles ist mit Warten verbunden, mit Ausharren.

Ein Boot landet an. Die Herausstürzenden nehmen die sich Ergebenden fest. Es wird laut in die Luft geknallt. Die Nachbarn sind nachhaltig erschrocken. Vereinzelt abgeführte Personen haben Tränen in den Augen, die bei günstig einfallendem Sonnenlicht aufblitzen wie frisch polierte Perlen.

Kreidestimmen

An diesem Ort lebt man, behütet im Schoß des engsten Kreises, bis die Zeit dies nicht mehr zulässt. An diesem Ort bleibt zuletzt einer mit sich allein.

Kälte ist aufbewahrt unter der rauen Dachhaut. Nach unten hin wird es feuchter und fauler, der kauende Feind sitzt im aufgeweichten Gebälk. Gerätschaften und Maschinen stehen rostig und still. Dinge in Regalen haben ihren Namen verloren.

Unter der tiefen Decke, in einem fast fensterlosen Raum, mit geschlossenen Lidern wach daliegen und hören, wie es an diesem Ort zugeht. Die Kreidestimmen aus der Vergangenheit wispern kaum vernehmbar, sie berichten von früher. Später wohnt hier die Stille, steht die veratmete Luft träge und drückend im Raum. Dieser Ort erwartet niemanden zurück.

Das Leben starrt stumm nach innen, es besieht alle Facetten eines dunklen Flecks, es hat sich dem StillStand ergeben.

Mobil

An allen Stellen der Stadt sind da Menschen, mit zu Boden geneigtem Kopf, demütig auf die eigene, nach vorn gestreckte Hand schauend, die eine kleine Maschine hält. Sie folgen der kleinen Maschine in ihrer Hand, lassen sich geschehen. Sie sind verfügbar.

Schützend trägt die Hand die fast federleichte, berührungsempfindliche Maschine. Menschen gehen und stehen auf einer für sie bestimmten Fläche, vielleicht ein Meter im Quadrat, durch eine gestrichelte Linie miteinander verbunden, eingewoben in ein alles umspannendes Netz, verschaltet mit Sensoren. Sie stehen und gehen in fahlblauem Scheinen, an ihren Rändern sind sie unscharfe Silhouetten. Eins. Null. Ewig. Endlich ewig, hier verwoben in digitalen Labyrinthen.

Ausgefragt, dass ist die Zukunft.

Nachtwächter

In einem zurückgesprungenem Haus hockt im Verborgenen, in den Schatten auf dem Dach, ein Mann neben dem Kamin, er schaut in den Himmel der Nacht und denkt: Sterne, ein wohl sortierter Haufen gefrorener Steine, Glücksbringer, stürzende Vulkane, Drachen, Engel, blauer Nebel. Dann verliert er sich, legt Tangenten, schlägt Kreise, verbindet Leuchtpunkte mit Geraden, erfindet neue Zeichen, die er gleich mit eigenen Namen benennt.

Jemand fährt mit einem Auto vor. Löscht Licht und Motor, schlägt die Tür. Verklingende Schritte. Die Nacht hat viele scharfe Ohren. Der Mann auf dem Dach spürt ganz kurz einen Aussetzer im Herzschlag der Zeit. Die Sterne, spricht der Mann in die Nacht, verlieren uns nicht. Für den Moment fühlt er sich wohl. In der gleichgültigen Weite der Nacht fällt es schwer, das eigene Unglück sicher zu verbergen.

Profi

Ein Mann steht vor einer Kamera und spricht in ein Mikrofon. Er redet über die Welterde als wär es seine. Häufig spricht er die Worte GEFAHR, KRISE und WACHSTUM aus. Manchmal ist eine schärfere Betonung einzelner Worte vernehmbar. In seiner Rede steckt eine Ausrede. Er trägt sie vor ohne eigenes Gesicht. Hinter dem Mann ragt ein industrielles Gebäude auf, es ist berggroß, mit rauchenden Schloten.

Ein schneller Wind, der kommt und geht, reißt ihm vorformulierte Satzteile aus dem Mund. WIR STELLEN UNS DEN HERAUSFORDERUNGEN und WIR SIND BESTENS AUFGESTELLT und WIR SIND BEREIT VERANTWORTUNG ZU ÜBERNEHMEN zerflattern ungehört in uns umgebenden Luftschichten. In seinem aufschnappendem Mund steckt Sprachlosigkeit, ein sich windender, blinder Wurm, der sich in ihm hinunter arbeitet, der sich reinzwängt in Magen und Darm und dort frisst.

Später am Tag wird der Mann sein Außen abstreifen, sich gesellig und aufgeschlossen geben. Am Tisch mit seinen Kindern führt er einen erklärenden Ton. Er sagt: Eine Geberkonferenz tagt immer in den Grenzen eigener Gefangenschaft.

Über den Mann wird viel geschrieben und berichtet und alles trägt in sich einen Mangel an Wahrheit.

Verhältnisse I.

Eine Katze plant jede ihrer Bewegungen, jeden Schritt, jede Geste, jeden Satz, im vorhinein. Weil sie nicht überrascht werden will, ist sie ihrer Zeit immer voraus.

Eine Schnecke aber schleimt der Zeit hinterher, sie hängt hinten dran. Neigt sich für einen schnellen Augenblick der Schatten eines Schuhs über sie, gibt sie sich überrascht. Anschließend trocknet die Sonne jegliche Spuren aufm Asphalt und Alles'n'Jeder, und die Ducks'n'Doves tun so, als ob nichts wär.

Verhältnisse II.

Dieser himmelblaue Elefant hier hat große rosa Ohren. Um den Hals gebunden trägt er eine rote Schleife, von der er nichts weiß. Jetzt sind seine Kinder aus dem Haus. In den Grenzen seiner Gefangenschaft ist er ganz bei sich selbst, hat im Lager der Erinnerungen einen Regalplatz ganz weit oben, er sitzt neben einer Jungenpuppe mit porzellankaltem Lockenkopfgesicht und einer ausgemusterten Büroledertasche.

Im alltaglosen Licht vergehender Tage wechselt seine Haut von »Lebendig Schieferblau« ins »Todesnah Plattenbaugrau«. Man sagt, noch lange nach dem End-von-Leben wachsen Haare, Nägel, Haut und Zähne, aber bei ihm, aus den Augen, tropfen sehnsuchtsreine Tränen.

Verhältnisse III.

Das Hofgute bringt der Eiermann. In einem großen, grünen Kastenwagen fährt er jeden Tag vom Dorf in die Stadt, verkauft Landerträge aus seinem Bauch heraus. Gibt er Wechselgeld zurück, sagt er bei passendem Ergebnis oftmals kindskopffreundlich: siebzehn auf zwanzig und noch einen Heiermann vom Eiermann.

Beide sind, soweit bekannt, nicht unter sich verwandt.

+

Einem Eiermann kann man niemals böse sein.

Verhältnisse IV.

In den Tag bricht die Nacht ein. Der Sandmann lacht. Dann steht der Tag wieder auf und der Klingelmann eilt von Tür zu Tür. Der Vorhang fällt zur nächsten Nacht, der MondMann kommt nicht auf die Bühne, der MondMann hat lebenslang, denn er hat die Sterne umgebracht. Im Orchestergraben wird der Wechsel angestimmt, es erklingt ein mildes Lied.

Müde von den Wiederholungen legt das Jahr sich hin und stirbt.

Verhandlung

Da ist eine hohe und breite Wand aus Scheibenglas. Sie trennt die eine Welt von der anderen Welt. Wird die Frau am Tisch gegenüber gleichgültig, verlässt sie ihr Thema, verliert ihr Körper an Spannung. Ihre Kleidung verrutscht nicht. Erregt sie sich in ihrem Thema, zieht sie mit geschliffenen Sätzen den Sack zu. So breit wie sie sich macht, kommt niemand an ihr vorbei. In dieser Welt zählt allein das Verhandlungsgeschick.

Die andere Welt liegt außerhalb dieses Raums, im Freien, hinter den Scheiben. In einer Gondel zieht sich ein Mann an der Fassade hoch zum Himmel, steigt auf ins Sonnenlicht. Wegen der Rotation der Welterde unter der sich gemächlich drehenden Sonne, verfangen sich Mann und Gondel in einer plötzlich verschatteten Schlucht aus Stein und Glas und sie werden für einen Bruchteil von Sekunden in der einen Welt unsichtbar, aber trotz allem vergeht weiter die Zeit.

Die eine Welt weiß nichts von der anderen und so verhält es sich auch umgekehrt.

Wandel I.

Unterhalb des Arms schwingt die Birne in harmonischen Bögen. Jemand hat Holzplatten in die Fensterhöhlen gestellt, die Sicht verblendet. Aus dem aufgebrochenen Bauch heben kopf – und mundgeschützte Männer Adern und Organe in staubdampfende, rostfleckige Wannen. Ihnen gegenüber stehen, durch ein Straßenband getrennt, zwei Männer und drei Frauen. Zu diesen Zeugen wird jeden Moment ein Mann stoßen, der sich den Wartenden aus südlicher Richtung auf einem Rad nähert.

Die Einschläge der Eisenkugel werden von dumpfen Vibrationen im Boden begleitet. Wasser fängt aufwogende Stäube aus der Luft. Das sterbende Tier bebt und stampft, die rote Fahne steht ihm überm Kamin, dann wächst ihm der Erdboden über den Kopf.

Die Frauen sind weitergegangen. Die drei Männer sprechen und lachen. Der, der links steht, trinkt aus einer Flasche Bier. Der größere der drei hebt kurz winkend den rechten Arm und geht.

Auf der anderen Seite stellen Männer mit Helm und Warn-Weste ein großes Schild mit einem Bild auf: Hier bauen wir für sie einen Supermarkt.

Wanderer

Ein leinenbefreiter Hund buckelt und salzt dann den von ihm erwählten BeetBereich. Mehrere unbeaufsichtigte Kinder werfen trockene Äste in einen großen Pferdebaum, doch nichts fällt, sie erreichen nichts. Ein Mann in einem Rollstuhl schützt sich schon jetzt gegen die erwartete Herbstkälte der nächsten Tage mit einer dicken braunen Decke, die er über seinen, ihm nicht mehr dienlichen, dürren Beinen, ausbreitet. Ein Drachen schnellt schnarrend in den klaren Himmel. Er verfängt sich in einer Krone, pendelt schlaff hin und her. Er wird vielfach gerufen. Da er seinen wahren Namen nicht kennt, bleibt er stumm. Ein stilles Geschäft in den verlaubten Schatten bleibt unbeobachtet. Niemand pfeift ein Lied.

Auf einer Bank, am Rand der grünen Fläche, sitzt ein Wanderer, der Brotzeit hält. Weit bevor, die in gleichmäßigem Abstand zueinander gepflanzten Lichtmasten ihr eingespartes Licht an die Welt ausgeben, wird ihn eine, uns nicht nahestehende Kraft fortziehen und er selbst zieht schrittweise an der anderen Seite der Schwerkraft. Am Horizont wird er immer kleiner.

Er wird kleiner.

Immer kleiner.

Wetterbericht

Dicht gedrängt stehen Menschen, finden als Masse zueinander. Auf ihren Gesichtern ist eingeschrieben: Schock und Entsetzen. Münder stehen auf. In der Masse ist ein Mann eingeschlossen. Er schwankt unter dem Gewicht der Flammen, die ihm über Arme, Brust und Kopf tanzen. Am Bildrand rechts unten fällt eine Frau auf den kopfsteinbewehrten Grund. Im Vorbeigehen zertritt ihr jemand die linke Hand. Ein blau uniformierter Mann mit einem weißen Helm wirft eine Decke über den brennenden Mann, der jetzt zusammenbricht. Die Decke (asphaltgrau) wogt, als wär Wind unter sie gegangen. Aus einem LehmLoch steigt ein Mann, ein Straßenarbeiter, er tritt vor, schlägt mit einer Schaufel auf die Decke, erschöpft sich, schlägt und schlägt, atmet schwer. Einschreitend führen Männer in grünen Uniformen den Mann ab. Er hat die Schaufel fallen lassen.

Der Wind aus südlicher Richtung nimmt weiter zu. Gegen Abend wird vereinzelt mit starken Gewittern gerechnet. In den nächsten Tagen wird es Regen geben, vereinzelt sind Orkanböen mit Temperaturen um die 14 Grad möglich, im Osten ändert sich nichts.

Wochenende

An das, was man sich für später vornimmt, gibt es jetzt noch keine Erinnerung. Alles ist noch Absicht und Planung. Wir schauen auf die Räder, des in der Hauseinfahrt abgestellten Fahrzeuges. Es soll nun schlafen, denn wir wünschen eine Verlangsamung, eine deutliche Lähmung, die bereits am Donnerstagabend, dem Vorwochenendetag einsetzen soll. Ab Freitagmorgen ist es dann in Sicht. Ab Samstagmorgen kommt dann alles zum Erliegen. Auch die Gedanken werden stiller. Es ist das Ende der Woche. Montags sagen wir gerne: Vier Tage noch und der Rest von heute. Wir haben diese Verlangsamung nötig. Wir haben einen festen, uns bestimmenden Rhythmus. Wir selbst sind das Ticken in der Zeit.

Zeichen

Der Himmel ist klar gegliedert, eingeteilt in Rauten, Quadrate und in andere Geometrie mit ungleichen Seiten. In ihren Flächen steigen Enten auf, ziehen Wildgänse, manchmal startet ein Schwan. Das Hafenbecken liegt ruhig da. Es ist anwesend, es erwartet nichts. Rechts, neben den angeschütteten schwarzen Bergen der Kohleaufbereitung, ragt in großer Höhe, ein langer stählerner Arm, in den Himmel, der gelangweilt mit einer kaum merklich pendelnden Baukreissäge spielt. Er hält sie fest im Zwischenraum, es sieht aus als habe sie kein Gewicht.

Der stetig heranrückende Abend hat sich noch nicht offenbart. Vom staubigen Pfad her betritt ein Mann, mit einem Kind an der Hand, den gepflasterten Weg, der hoch zur BahnBrücke führt. Mann und Kind gehen in Einvernehmen miteinander um. Sie haben keine Eile, so als kämen sie zurück von einer langen Reise. Reisende hasten nicht. Auf TrägerTeile der Brücke haben Unbekannte in vielen Farben unleserliche Zeichen und Jagdszenen mit Tieren gemalt. Sie stammen aus einer schon fast vergessenen Zeit.

Zusehen

Da ist ein Teil der Welt, den wir nicht kennen. Weit entfernt und uns fremd. Wir erfahren, dass über dieses Land einer herrscht, der aus einer großen Familie stammt, einer Dynastie von Herrschern. Über dieses Land haben sie immer schon geherrscht. Sie sagen, sie selbst sind das Land.

Die Sonne steht senkrecht über dem »Platz des freien Volkes«, gleißen Häuser und Böden in brennendem Weiß. Es werden Absperrungen aufgestellt und ein Mannschaftstransporter rollt auf den Platz. Das Wappen des Herrschers prangt auf den TransporterTüren. Zwei Männer werden in die Mitte des Platzes geführt, ihre Hände sind auf den Rücken gebunden. Ein anderer Transporter bringt zwei große Männer auf den Platz, sie tragen Sonnenbrillen und bequem ausgestellte, khakifarbene Kleidung. Die gebundenen Männer müssen sich knien, man zieht ihnen schwarze Kapuzen über den Kopf. An den Absperrungen sammeln sich Menschen. Man erteilt ihnen mit harter Stimme Verbote. Keine Fotos. Keine Videos. Zwei Männer in Uniform tragen lange Holzschatullen herbei. Die Männer mit den Sonnenbrillen öffnen mit Bedacht die dunkeln Kästen, entnehmen ihnen jeweils ein langes Schwert, fahren mit der Innenseite des Daumens langsam über die Schneide, ihre Schärfe prüfend. Jetzt stehen sie neben den Knieenden, die auf Befehl den Oberkörper nach vorne zu beugen haben. Die Zeit hält an, steht still. Es geht kein Windhauch und eine dumpfe Abwesenheit von Lauten steht über dem Platz, die alles Leben ausschließt. Atem wird angehalten. Ein dicker Mann tupft sich den Schweiß mit einem blauen Tuch von der Stirn. Dann blitzen die Schwertklingen im Sonnenlicht, die kapuzenverhangenen Köpfe springen von den knieenden Körpern, die jetzt seitlich wegrollen.

Schon entfalten uniformierte Männer mit weit ausgebreiteten Armen Tuchbahnen, sperren jede weitere Sicht aus. Auf den Tuchbahnen prangt das Wappen des Herrschers. Man hört Autotüren schlagen, Kommandos werden gerufen, Motoren angelassen, Wasserschläuche entlassen Wasser. Die hinter den Absperrungen haben sich zerstreut.

Zusehen, dass ist die Zukunft.

III.

Osmose

σιε σχηαυτεν διε σιλβριγ ϖερωασχηενεν Ηιμμελ
νοχη ϖορ δερ Ζειτ τειλτεν σιχη διε Ενγελ ϖον Ταγ υνδ Ναχητ
ιν ζωει σιχη υμσπιελενδεν Η™λφτεν

sie schauten die silbrig verwaschenen Himmel
noch vor der Zeit teilten sich die Engel von Tag und Nacht
in zwei sich umspielende Hälften

Von der Suche nach dem Gral,
Gotthilf Rivinius, Wien, 1938 – 2016

Augen

Umgeben von Nacht sitzen sich ein Mann und eine Frau gegenüber bei einem kleinen Licht. Ein Tisch verbindet sie. Durch ein gekipptes Fenster dringen sie hinaus in die Welt.

Sie haben jeweils einen ledernen Becher in der rechten Hand, den sie abwechselnd heben und kräftig schütteln. Nach einer selbst bestimmten Zeit schlagen sie den Becher, mit der Öffnung nach unten, auf den Tisch. Lächelnd schauen sie sich einander in die Augen. Sie heben ihre Becher, erfassen die soeben zusammengewürfelte Summe der Augen, sie begleiten sich mit beifälligen Geräuschen und bemessen sich selbst nach der errechneten Augenzahl. Sie behalten sich im Blick, werden einander gefällig, weich, beschließen die weitere Vorbereitung ihres Fleisches mit noch etwas Wein und Zigaretten. Sie finden einen glückhaltigen, reinen Augenblick in vertriebener Zeit.

Belagerung

Der Mann, der am Fenster steht und auf die Straße sieht, dass bin ich. Da ist eine Frau, die mit einem angeleinten Hund gerade die Straße überquert. Der Hund ist noch jung.

Die Straße teile ich mir mit dem Mann aus dem Haus gegenüber, er steht am Fenster und beobachtet mich dabei, wie ich der Frau mit dem jungen Hund nachsehe. Die Frau hat blondes Haar, aber das ist nicht wichtig.

Der Mann von Gegenüber kann auf mich herabsehen, er wohnt im zweiten Geschoss. Ob er glaubt, ich habe ihn nicht bemerkt? Ich schaue zu ihm hoch, unsere Blicke treffen sich. Wir sind in diesem Augenblick gefangen.

Aus Südwesten nähert sich ein Tiefdruckgebiet. Ein Mann spricht auf der Straße einen anderen Mann an, der Angesprochene dreht den Kopf in meine Richtung, hebt die rechte Hand. Ein Auto wird gestartet, parkt aus und fährt weg. Die beiden Männer gehen weiter, ich bleibe am Fenster. Heute ist Montag.

Bild

Die Sonne der letzten Augusttage scheint mit schwindender Kraft, es ist später Nachmittag, ihr Untergang (links im Bild) kündigt sich an. Auf dem unteren, zur Straße liegenden Balkon eines hohen Hauses (genau, das Haus rechts im Bild) sitzt ein schwerer, älterer Mann und raucht eine Zigarre. Aus einem, zum Balkon hin geöffneten Raum, tönt laut das Lied AMORE MIO. Ein flüchtiger Blick in diesen Raum ist nicht möglich. Träumt der Mann, während er Zigarre raucht, von einem Tanzvergnügen?

Dann ist das Lied vorbei. Die Tanzbeine stehen still unter der Last der innehaltenden Körper, der Ort leert sich, Hähne werden abgedreht, Lichter gelöscht, die jetzt entstandene Leere wird eingeschlossen. Die Abwesenheit aller Geräusche geht nun von diesem Ort aus, der durch die Leere seine Bedeutung verloren hat. Der Mann sitzt weiter unbewegt an dem Platz, den er sich gewählt hat, an dem ich in diesem Augenblick vorübergehe. Rauch steigt aus seinem Gesicht auf. Der hinter ihm offene Raum breitet sich langsam um ihn aus, die sich daraus verströmende Stille umschließt ihn und schwebt dann weiter hinaus in die Welt.

Bis zu dem Haus, in dem ich wohne (gerade so eben nicht mehr auf dem Bild) brauche ich noch gute fünf Minuten, dann trinke ich Bier aus dem Kühlschrank, das Lied bleibt erst einmal in meinem Kopf.

Die Wiederholung der Welt

Das Licht der Sterne ist verschwunden hinter Nebel und Rauch. Wenn ihr Licht verloschen ist, müssen auch die Sterne längst verschwunden sein. Eine ewig alte Wiege steht unbewegt und leer im Schlamm. Die Welterde dreht sich im weiten, finsteren und geräuschlosen Raum. Sie ist fast unbewohnt.

Ein Blindfisch, unter dem Schuppenmantel nackt, bläht seine Brust. Sein Atem geht weit raus in die Welt und holt sich Luft. Zittriges Beben im Neumondlicht, weißes Glibbern um die Kiemen, Hoffnungsschimmern. Kleine Sonne, singt der Fisch, kleine Sonne komm und schein für mich. Kleine Sonne, komm und wärm mich. Kleine Sonne, komm und gib mir Augenlicht.

Bären

Die ölähnliche Konsistenz der Tränenaußenhaut schärft den Blick. Mit dem langsamen Untergang der Sonne setzt die Dämmerung ein. Lysozym schützt Bilder vorm Verrauschen. Lidschläge. Tränenfilme. Trauermärsche. StillStände. Gradwanderungen. Kreuzworte. Ärztlich empfohlen ist eine regelmäßige Randschärfekontrolle und die Messung des Gesichtsfeldindex... usw usf. Die Welt nimmt, was sie kriegt. Wir sehen scharf hin.

Auf einem Kleingartenfest erscheint an einem sonnigen Samstagnachmittag um 15 Uhr ein fürs Kinderprogramm engagierter Mann in mittleren Jahren. Er trägt die luftige Kleidung eines Jongleurs. Seine Sachen sind mit bunten Flicken übernäht, damit will er die Kinder für sich einnehmen. Erst jongliert er mit drei Bällen, dann mit vier Kegeln. Er fragt in die Runde wer den Räuber Hotzenplotz kennt und erhält keine Antwort. Später verdreht er bunte Ballons zu Tierkörpern. Am Besten gelingen ihm Bären aus roten Ballons, die er den Kindern aufbindet.

Was soll das denn sein? fragt ein Kind und hält seinen BallonBären hoch in die Luft. Das macht ja noch nicht mal Muh!

Flaschenpost

Zitiert aus einer Flaschenpost: Hier bin ich gestrandet, an diesem Ort, den ich nicht beschreiben, dessen Lage ich nicht angeben kann, aber ich kann sagen, es ist ein leerer, unbewohnter Ort. Oben und unten ist ein grenzenloses Blau, das meine Augen weich macht wegen der ständigen Wiederholungen. Meine Enden hängen lose in die Welt, ich bewege mich mit dem Wind. Habe ich Fieber, träume ich zu verschwinden, spüre ich meine Auflösung. Ich habe gelernt hier ein Fremder zu sein, ja, ich bin ich, ein Fremder. Ich habe noch einen Wunsch, den schreibe ich, den spreche ich in diese Flasche und werfe sie ins Meer: Geizt nicht mit Worten, sprecht mit Taten und werft mir eine volle Flasche hinterher.

Grundrechte

Im Gesetzbuch der Welterde stehen die drei Grundrechte der Menschen: Das Recht auf Glück. Das Recht auf einen vollen Bauch. Das Recht auf ein warmes Bett. Jetzt braucht es hier eine Gegenwart der Liebe, denn es werden überall lukrative Händel mit Tod und Vernichtung getrieben und für noch mehr Profit werden die Gesetzte gebrochen. Heute wird schon der Wiederaufbau von Orten geplant, die es noch gibt und gegenseitig und untereinander betrügt und hintergeht man sich im Namen der Liebe.

Aber Geld und Liebe vertragen sich nicht.

Es braucht eine Veränderung. Wie Veränderung geht? In Stein geschlagene Gebete bleiben ewig wirkungslos, der nach vorne gedrehte Hintern bleibt doch immer hinten, die Beipackzettel nützen nicht und wie verhält es sich mit der Hoffnung auf Erlösung? Wer soll euch erlösen?

Ihr Hinz'n'Kunz, ihr Krethi'n'Plethi, was ich euch noch sagen wollte: Hinter der vierundzwanzigsten Kalendertür steckt doch nur ein kleiner SchokoladenStern, riecht das nicht geradezu nach Betrug? Also, worauf warten? Auf was wartet ihr? Von was seid ihr durchdrungen?

Die Veränderung kommt, denn wirklicher Lebenswille lässt sich nicht auf Dauer aufhalten und Freiheit ist das Leben wert, aber ist da noch genug Leben in euch? Werdet ihr für eure Rechte eintreten? Was ist euch das Glück wert? Der volle Bauch? Das warme Bett?

Was ist mit euch los?

Was ist mit euch?

Was ist?

Was?

Heim

Bis zur Mitte des Tages steht das Haus menschenleer. Werden die Tage später wach, verschiebt sich die Zeit. Bei Einfall von Sonne stehen staubschlierige LichtLanzen im Raum. Die Rückkehr der Bewohnerin verändert die Wände. Schatten-Sprünge. ScherenSchnitte. Stumme Bewegungen. Huschen. Flirren. Haus und Sonne drehen sich umeinander, unabhängig von täglicher Verrichtung. Kürzere Tage kündigen den Winter an.

In der Nacht flackert eine Kerze im Fenster. Manchmal träumt die Frau in der Nacht von einem schlingenden Meer. Dann wacht sie auf und weint.

Himmel

Aufblicken, wie Schafe in einen stetig tiefer sackenden Himmel aufblicken, es ist ein gelb beschlagener Untergangshimmel, Abschiedshimmel, Büßerhimmel, Verkündungshimmel, der Glaubenshimmel um Himmels Willen. Der Himmel trunkener Empfängnis. Ein trojanischer Schliemannhimmel. Der Himmel von Zweiundsechzig. Himmel über Westjordanland. Ein prophezeiter SternSchnuppenhimmel. Der endlos breite und hohe Himmel, der verwunschene SandStrandhimmel von Meerjungfrauen. Ein HoffnungsHimmel, der Himmel von Saat und Ernte. Ein willkommener Himmel voller Geigen, tropfender Fortpflanzen, ein schlingender, würgender Himmel. Der Schneewolkenhimmel des letzten Jahres. Der einzige Himmel weit und breit. Der berauschte, sich selbst überlassene Abendhimmel.

Sieht man jetzt genauer hin, liegt ein Schafskopfwolkenhimmel über der Stadt. Wird es ein unerwartetes Unwetter geben? Ein Stahlvogel kondensiert schweifig, wie selbstverständlich ritzt er das weite, unberührte Blau, diagonal von links nach rechts. Drei Schwalben tanzen in der Luft, sonst geschieht nichts, aber am Himmel wird es minutenlang eine lange, weiße Narbe geben.

Hof

Der im Innenhof ausgelegte Waschbeton reicht fünf mal fünf Meter nach vorne und nach hinten. Das sind flächig ausgelegte zehn mal zehn betonschwere Steinplatten. Unkraut wächst zwischen den Platten und es ragt aus einzelnen Bruchstellen hervor. Kieselige Erhebungen im Beton sind, wie die Platten insgesamt, schiefergrau bis rußschwarz angelaufen. In der linken Ecke stehen die Kunststofftonnen der Mietwohner. Eine immergrüne Pflanze rankt aus einem quadratischen Speissfass, dieses Jahr hat es den ersten Meter in die Höhe geschafft. Das Hauptfallrohr steht ihr bei, hilft ihr hoch. Es ist fraglich, ob sie es jemals bis zum Dach schaffen wird. Eine Frau im zweiten Stock schneidet vom Balkon aus ab, was an ihr vorbei wachsen will.

Im Hof steht ein Mädchen, hält sich ihre Hände vors Gesicht. Sie zählt laut bis zehn. Der aufkommende Wind kann ihren fest geflochtenen Zöpfen nichts anhaben.

Meisterschaft

Der Kreis hat Schlaufen, Windungen, Senken, Höhen, schnelle Graden, riskante Kurven. Wer den Start gewinnt, wird zur besengten Sau, ihr folgt das Verfolgerfeld. Heute rasen sie gegen den Uhrzeigersinn. Hinter dem Bild, das bei uns bleibt, ist eine ferne Stimme, die berichtet. Eine zweite Stimme, die mit der ersten gut bekannt ist, kommentiert den Bericht. So werden wir unterhalten.

Der Verfolgte bleibt bis zum Schluss vor Silber und Rot. Die Stimmen hinter dem Bild sprechen mehrfach das Wort: Meisterschaft. Mit einer schwarzweißen Fahne wird abgewunken und Männer mit großen Helmen berühren sich gegenseitig, später schütteln sie große Flaschen, aus denen dann weiße Fontänen aufsteigen. Wir schalten ab, trinken noch ein Bier und haben den Sonntag verloren.

Modellbahn

Eine Veränderung greift um sich, erobert Steine, Parks und Plätze wie ein wucherndes Geschwür. Häuser schrumpfen auf ihr minimales Maß. Risse durchlaufen Fassaden, Scheiben springen aus dem Kitt, aufbrechende Türen werden nicht wieder schließen. Der Zug kommt, rattert mit Licht und Dampf durch den Berg, durchs Land, durch die Stadt und kehrt im Tunnel zurück in den Berg. Die Stadt bleibt zurück wie das abwartende Land, das finstere Auge des Tunnels lockt das Kamel ins Nadelöhr. Mit dem Einsteigen in den Zug warten die Reisenden, bis sich die Weltplatte kurz hebt und sie unbeschädigt ins düsterdiffuse Licht des DachDaseins zurückgekehrt ist.

Der Vater steht an Weihnachten früh auf, jetzt hat er Kinderzeit mit Nachgekommenen. In drei mal vierundzwanzig Stunden wendet sich das Schicksal mehrfach und es wird regelmäßig verreist von rechts nach links. Hier sitzen Götter an der Platte. Im Kreis gibt es kein Ziel.

Osmose

Die Stadt soll ein Ort der Glücklichen sein. Um sie zu betreten, braucht es ein Nadelöhr. Der Weg durchs Nadelöhr beginnt an ihrer unmöglichsten Stelle, dort werden unsere Wünsche geweckt. Dann tragen wir sie, aufbewahrt in einem kleinen gläsernen Gefäß, unter unserem Herzen. Untrennbar mit der Zeitachse verbunden, hängen fortan wir an einem feingesponnenen Faden, erinnern unseren Beginn nicht aber fürchten das Ende. Wir sind von der Gegenwart, die uns in der Schwebe hält, durchdrungen. Was uns umgibt, die Welt der Dinge, trägt kein Leben in sich, sie existiert, weil wir sie uns wünschen, sie ersehnen. Mit dieser Welt leben wir in engster Beziehung.

Da wir nicht träumen können, bewegen wir uns nicht fort und bleiben wie gefangen. Wir wären gerne ständig betäubt.

Schiff

Das schwere Stampfen eines Diesels kündigt ein Schiff an. Der aufgeschobene Bauch ist aufgefüllt mit Eisenschrott. Es gibt andere Schiffe, Kähne, die tragen Kohle, oder Eisenerze, Quarzsand, Schweröl, Safran, Salz, Echsenpanzer, Tee aus den Kolonien, feine Stoffe, rituelle Masken, die durchscheinenden Geweihe von Seekühen. Sie schiffen am Kap vorbei und queren eisig durchströmte Seen, südlich, küstennah, unterhalb Indiens, über das nördliche Meer zurück in Flüsse und Kanäle. Schiffe sind bekannt mit den Wassern der Welt, sie schlafen in Häfen.

Am Bug steht ein Mann in gelben Stiefeln. Am Körper trägt er schwere, dunkle Kleidung, eine fleckige Schirmmütze trägt er auf dem Kopf, seine Hände halten ein zur Schlinge geformtes Tau. Er hält Ausschau, schaut in Richtung der Fahrt, schaut auf das was da kommt, er wartet ab und raucht.

Anders der Kapitän dieses Schiffe, den man nicht sieht, der aber in seiner Steuerkabine am RuderRad steht, in dieser Scherenbrücke, die ein offenes Klappfenster hat, darin spiegelt sich jetzt weißhell ein plötzliches Licht.

An Deck läuft ein kleiner brauner Hund zu dem Mann mit dem Tau und bellt.

Das Wetter ist schön, es ist angenehm warm und es soll sich noch über Tage so halten.

Sommer

Eine Bügelperlensonne lacht mit ihrem roten Mund in die Luft. Ihre züngelnden grünen und blauen Strahlen umschließen die Welt, erreichen und durchdringen das Zentrum einer wahren Liebe. Diese Sonne ist in einen Himmel gebügelt, den Vögel nicht erreichen. Auch Zugvögel erreichen diesen Himmel nicht, dabei fehlt es nicht an talentierten Piloten. Dreht man die Sonne nicht gefühlvoll um, begegnet man ihrem Körper nicht mit gebührendem Respekt und dosierter Kraft, bricht ihr Ohr oder Auge oder Mund heraus.

Am Tag ist der Himmel im Sommer frei von Sternen, in der Nacht glänzen vereinzelte Sonnenperlen, sie sind gebettet auf tiefblauen, kosmischem Samt.

Springreiten

Zur allgemeinen Ausbildung eines Pferdes gehören Stangenarbeit und Gehorsamssprung. Junge Pferde springen angstfrei und willig über kleine Hürden. In einer eigenen Disziplin überwinden Pferd und Reiter Hindernisse in festgelegter Reihenfolge.

Ein herausgeputzter Mann in mittleren Jahren sitzt fest im Sattel auf einem ausgebildetem Pferd. Sie warten an einem Startpunkt, wirken ruhig, gefasst in angespannter Haltung. Ein gutes Pferd wölbt über dem Sprung den Rücken auf. Springt ein Pferd unwillig, verweigert es sich oder stürzt, stellt ein Ausschuss Ross und Reiter außer Konkurrenz. Fehlerfreies, berührungsloses Überspringen wird gut bewertet. Jetzt springt das Pferd sicher über einen Graben, bringt den Mann uneinholbar in Führungsposition.

Dann erhält der Reiter eine goldene Medaille und sein Pferd einen Sack voll Hafer, der nicht sticht.

Station

Auf einer Station liegen die frischen Menschen unter Glas-Glocken. Nebeneinander, fünf in einer Reihe, angeschlossen an summende Maschinen. Ihre Erzeuger geben sich gelassen. Wenn sie sich zulächeln oder vage berühren, geschieht dies ohne Erfordernis. Sie stehen in der Station vor den Glas-Glocken und der Grund dafür fällt ihnen nicht ein. Laut erklingen in schneller Folge jetzt hohe Töne. Eine kleine Frau schreit auf, beißt sich in ihre linke Hand und weint. Jemand in weißer Kleidung trägt ein Tuch gespannt über Mund und Nase, verschiebt die weinende Frau.

Weit unten fährt ein Transporter mit zuckendem Blaulicht auf den Hof, Männer kommen mit schnellen festen Schritten. Im Park gegenüber sitzt ein altersloser, schwarzgekleideter Mann auf einer Bank, füttert wilde Tauben. In Gedanken geht er durch das große Haus, schaut in Gänge und Räume. So tief versunken durchdringt er die Welt, erscheint in Träumen. Wer ihm begegnet spürt ein starkes Ziehen in sich, aber das geht meist schnell vorüber.

Stimmen

Eine Straße, die aus dem Land herausführt, endet in einem Halbkreis mit den Möglichkeiten zur Weiterfahrt nach links (Stadt) oder rechts (Handelszone). Hier wartet ein junger Gauner. Er steht nicht still und schaut in die Richtungen, die sich ihm bieten, oft sieht er auf die Uhr an seinem linken Arm und raucht Zigaretten.

Eine alte Frau geht an ihm vorbei, sie zieht einen kleinen Koffer auf Rollen hinter sich her. Etwas blinkt auf der Straße, sie bückt sich, greift schnell nach der Münze, die sie verstohlen einsteckt, als wärs ein großer Schein. Die Finger des Gauners befühlen einen kleinen schwarzen Gegenstand, den er lange ansieht, später an sein rechtes Ohr hält. Dann sieht er zum Horizont. Aus der Ferne nähert sich ein Auto.

Schaut man ruhig und konzentriert, auf die Asphaltdecke oder auf die Grasnarbe, sieht man manchmal ein Flirren in der Luft. Das sind die Stimmen aus der Tiefe der Erde, sie sprechen die Sprache des Lichts, sie begleiten das Glück.

Taucher

Geborgen in einer starken Gummihaut gleitet der Taucher in die stille Karte des Meeres. In den Unsicherheiten des Treibenlassens erfasst er die Zonen des Wassers. Es bestimmt ihn ein Schweben im Dämmerlicht, ein fiebriges Vorandrängen lässt ihn die über Wasser liegenden Wahrnehmungen verlieren. Man sagt beim Tauchgang bleibt etwas vom Taucher in den Tiefen zurück. Fortan bestimmt ihn ein Ziehen, ein Sehnen. So schenkt sich der Taucher dem Meer.

Getrennt, in gebührendem Abstand zueinander, finden Tauchgeist und Tauchkörper später den Weg zurück in den Bauch des Bootes, das den Taucher wieder ans feste Land bringt. Die Sicherheit des Landes ist dem Meer abgerungen. Ein Taucher weiß, die Sicherheit des Landes ist zweifelhaft. An Land vergeht die Benommenheit, es beginnt ein Ablegen der Betäubung. Die Begrenzung der Sicht ist das Geschenk des Meeres.

Wird das Sehnen und Ziehen sehr stark, atmet ein Taucher vor, er zieht Luftvorräte ein, gleitet in die Taucherhaut. Ein ums andere Mal geht der Taucher wieder zurück in die tiefen Wasser, er sucht nach Etwas, das es nur in den fischbehangenen Bergen und Tälern in dunstiger Tiefe gibt. Es sind die Antworten des Meeres.

Träume

An einem Teichrand im Wald hockt ein Junge, er tastet behutsam über den Waldboden, sammelt Blätter und faltet Blatt für Blatt zu einem Schiff, das er dann schwimmen lässt, dann schläft er ein. Das aus Blättern geschaffene Schiff fährt aus dem Teich hinaus in die Welt, es wird von Wind und Wellen getragen. Ein müde geflogener Falter landet an Deck, um sich auszuruhen. An der Küste der Wiege der Welt legt das Schiff an, da wo die Berge der Guten Hoffnung in den eisblauen Himmel ragen. Im sanften Schaukeln auf den Wellen weiß der Falter von einem Jungen, der an einem Teichrand im Wald sitzt und davon träumt, er trage eine Dornenkrone in Händen, ein Wissen, das er in den Höhlen seines Herzens still und schweigend verwahrt.

Der Engel faltet im Schlaf seine schillernden Flügel auf, noch immer sieht er den träumenden Jungen, seinen Jesus. Mein schönes schwarzes Kind, raunen seine fein vibrierenden Flügel, was wirst du einst für diese Welt sein, deren Unwissen weiter wächst? Was wird das Licht, das du in dir trägst, der Welt bringen? Werden die neuen Träume die du mitbringst, die Mutlosigkeit besiegen?

Δυ βιστ δασ Λιχητ ιν δερ Ναχητ.

Türme

Türme strecken sich hochhinaus ins Sonnenlicht, die Stadt spiegelt sich in ihren glattpolierten Fassaden, in ihren Fenstern aus Glas und Zeit. In den Zellen hinter dem Glas findet die Arbeit statt, hier geschieht sie, ein elektronisches Ding mit Worten und Zahlen geschrieben in Luft und Staub. Arbeit, das sind die Sachen, die Menschen mit Maschinen machen, was für diesen Zweck Eingestellte mit Maschinen verarbeiten, was sie in festgeschriebenen Präsenzzeiten tun, was ihre Produktivität ist innerhalb vereinbarter Zielvorgaben. Zeit und Geld sind in den Türmen deckungsgleiche Größen. In den Türmen machen Menschen Geld aus der Zeit, dann tauschen sie Lebenszeit gegen GeldGlück.

Die Türme beherbergen den Weltinnenraum, hier sind Maschinen so gegenwärtig, wie der Tod in Friedhofsbäumen. Die Türme sind eine Opfergabe der Menschen, sie huldigen der Künstlichkeit der Stadt, ihre tägliche Verrichtung ist freudeleer. Manchmal feiern sie sich, verjubeln ihren geretteten Rest. Ihr Leben ist ohne eigenen Ort. Jeder Tag ist der jüngste.

Vampyre

Ein Wolf, ein frisches Fell umgelegt, meidet in der Nacht LaternenLicht, in den stillen Schatten labt er sich an der Angst der Schafe. Ein ewiger Durst zerrt an den Trinkern, er lässt sie Nachts in ihrem Schweiß aufwachen, es weckt sie der König, der den Gehorsam seines Volkes einfordert. Soldaten finden keinen Schlaf, sie haben getötet und bleiben schlaflos aus Furcht vorm Wiedertöten. Huren ohne Freier sind keine Huren und Spieler leben nur, wenn sie spielen dürfen. Es gibt Gläubige wegen den Ungläubigen und umgekehrt. Frieden braucht Krieg, Waisenhäuser leben vom Tod, keine Liebe ohne Limitierung, Leben lebt von der Sehnsucht, Töne sind nicht ohne Wind, Meere brauchen Fisch, ein Schuh sucht die Nähe des Bodens, der Puls schwimmt im Blut, Götter brauchen Menschen, kein Fenster ohne Wand, wir sind da wegen der Spiegel und wir alle lodern in unseren Feuern, wir brennen in unseren Höllen, wir sind das Salz in der Suppe.

Entpuppen sich Falter, fliegen sie blind.

In der Nacht sind wir ohne Augen verloren.

Hände, die sich in Liebe halten, werden vom Tod nicht getrennt.

Geht die Sonne auf, ist die Nacht ohne Macht.

Ist das letzte Wort wahr, gibt die Lüge auf.

Winter

Die Straßen sind gesäumt mit abgehackten Tannen aus Schonungen. Männer mit langen, vor das eigene Gesicht gespannten, falschen Bärten, verteilen Gutscheine für den Besuch einer Sonnenbank. Taub vom Lärm klingelnder Münzen verschenken Verkäufer lächelnd Wünsche, sie denken an ihren Lohn. Gebadet im Schein modernen Lichts hat die Stadt sich aufgestellt, auch in diesem Winter weiter zu wachsen. Aus BretterBuden dringen laute Stimmen, sie handeln mit guten Taten, frommen Wünschen, preisen den festen Schlaf der Spendablen.

An der Seite hat sich ein Komitee zusammengefunden, es beschließt den Tag mit einer Erklärung zur Heiligen Nacht. Ist der Schlaf unruhig und nicht geregelt, liegt dies oft am Selbstmitleid. Wer darin zerfließt und sich zu sehr beweint, verliert schnell an Temperatur. Büßt die Haut im Winter zu viel Wärme ein, ist sie nicht mehr zu retten und man geht verloren.

IV.

Schleifen

Einiges ist ausgelöscht
anderes blieb erhalten.
Grob behauen und
fein besinnt zu sein.
Es ist eine Unmöglichkeit.
Was fordert mich
was reißt an mir?
Wie ist der Name des Tiers?

Roberto und Violetta, Lustspiel,
Carlo Goldoni zugeschrieben, Florenz, 1707 – 1793

Brief

Liebste, das ist der gedachte Brief, den ich dir schreibe, du wolltest doch wissen, wie es mir geht. Wenn ich von der Feldarbeit in meinen Raum komme, ist der Schweiß der Anderen an mir, die Armut ihrer Geschichten, ich schmecke das Bittere ihres täglichen Verlusts, es ist unabwendbar, dass mich das bestäubt, langsam zersetzt, hier zahlst du fürs Leben mit deinen schönen Träumen, an Orten wie diesen sterben Verliebte. In den Fugen der Stadt sehe ich Spuren eines schleichenden Mooses, wenn sich die Sonne mal in die Schatten drängt, schillert es in grünen Tönen, man sagt es verbessert die Qualität der Luft. Jeder von uns trägt am Gürtel einen Leinenbeutel mit Glaskugeln, damit spielen wir in freier Zeit, wir wiederholen unsere Jugend. Meine Haut vergisst nicht, noch immer trage ich, was du mir eingebläut hast: Unter dem Sturm werden einst die Berge wandern.

Liebste, so wie ein Hamster im Rad laufe ich im Kreis, mein Zückerchen, mein Erbschen, eins, zwei, drei auf den Tisch, wenns kracht bist du gezählt, springst du zurück in die Wärme der Schote.

Hand

Da ist sie, die gedachte Hand, die die LebensLinien hält. Was sie dir tut, tut sie keinem Anderen an. Drücke sie, befrage sie, quetsche sie, aber über die Zukunft schweigt sie sich aus. Nicht aus Feigheit, es ist Unkenntnis, denn die Weisheit der Wahrsagerinnen wohnt ihr nicht inne. Deine Hand ist wie jede andere gewöhnliche Hand, die eine andere wäscht. Sie nimmt sich nichts krumm, weist nichts von sich, will nicht mehr als nötig fassen oder schütteln, sie hat einen natürlichen Ekel vor Kot und Erbrochenem und wenn man es ihr abverlangt, legt sie sich beschwörend auf ein himmlisches Buch.

Es braucht eine Hand, um mit dem Teufel einen Handel zu schließen. Dieser findet zeugenlos im Finstern an Kreuzwegen statt. Das ist der Wirtschaftskreislauf, die Wiederholung von Geschäften.

Herz

Das gedachte Herz, dieses Herz, das in uns für dich'n'mich schlägt, ist längst ein jeweils anderes, denn dein Herz schlägt in dir anders als meins in mir, mein Herz nämlich hat deins längst abgeschlagen, ich lauf schneller. Du lachst, und sagst du gibst dich so noch lange nicht geschlagen, sag mir etwas mit mehr Herzblut bitte, das könntest du dir ja wohl noch von mir erwarten. Gib was vom Oleanderöl dazu, es braucht auch fettsauren Lachsschmier, meid nur peinlichst das gewöhnliche Salz und lass die fettn Haxn stehn vor der Tür. Nein, deinen Senf dazu, den brauchst es nicht, lieber einen Heilbuttschmaus mit zartem Bratkartoffelverhältnis. Ja, sagst du, vielleicht bist du ja deiner Zeit voraus, aber meine nähert sich.

Was wünsch ich mir da nur von dir? Auch ich wiederhole mich im Leben auf der Tagesbahn. Sind wir denn nicht gut dran? Bestens damit bedient, dass in uns der hohle Muskel alles umwälzt, pumpt, wieder und wieder diese Faustvoll Lebensgarantie in uns kreisen lässt. Hand drauf, halb gelacht und halb gedacht ist es, aber es ist doch auch was Wahres dran: dein ist mein Herz und auch ein halber Schmerz reicht noch aus für den Rest unserer Tage.

Schlag auf Schlag geht es, einen Schlag weiter und dann noch einer. Jeder Schlag weich wie ein Zwinkern, so können wir uns vorwärtsfinden, sicher bewahrt im traumlosen Schweben.

Jeder in einem Gefäß für sich.

Lachs

Ja, das ist das gedachte Leben mit all seinen Möglichkeiten, aber nicht alle Möglichkeiten sind wirklich gut. Stromaufwärts, stromaufwärts, wie die Lebensrichtung der freien Lachse. Hoch, höher, den Berg hinauf, das ist ihr einziges Streben, ihre Bestimmung. Es ist ein fetter Fisch der die Trassen rauf macht, schwanzschlagend springt, flügelschlagend die Stufen nimmt, laichbereit gegen den Strom wandert. Freie Lachse wollen am Ort ihrer Geburt gebären und für ihre Kinder sterben.

Die Reisebegleitung der Lachse sind wilde Bären, großmäulige Räuber, die nach frischer Mahlzeit schreien, unbefriedigte Mäuler, die ein Lachs allein nicht stopfen kann, doch geben sie sich ihnen zahlreich hin. Ja, großer Bär, sperr nur dein Maul weit auf und schon springen sie in dich rein und stopfen dich. Das ist der Kreislauf des Lebens.

Die Wiederholung eines Gedankens gilt dem Zuchtlachs. Durch Inzest wachsen Lachse größer und ölschmieriger, aus seinem KulturKreis kommt er nicht lebend raus, er wird abgefangen, zerschnitten, geräuchert und handgesalzen, was ihm möglichst nachhaltig geschieht. Das ist der Kreislauf des Sterbens.

P

Ich erreiche die gedachte Stadt über einen schmalen Weg. So wie ich die Stadt betrete nimmt sie mir meinen Namen, nach ein paar Schritten erhalte ich einen anderen Namen und nach einer Weile trage ich ein anderes Gesicht. Nur wenige werden so genommen wie sie kamen.

Ein Moment vergeht und dann noch einer und ich wandle mich im Kreislauf der neuen Namen, lebe mich hier ein und werde zum P. Jetzt bin ich Passant, Priester, Passagier, Pariser, Polizist, Pizzabote, Prostituierter, Putzer, Pflasterer, Pendler, Phrasendrescher, Publizist, Pharisäer, Pädagoge, Prinzipienreiter, Pfennigfuchser, Pan, Pechvogel, Prinz, Politiker, Phönix, Portier.

Die Stadt wiederholt sich in den Gesichtern ihrer Ps, es sind die Neugierigen, die Fliehenden, die Geschäftigen, die Träumenden, in den Vorübergehenden liegt die Wiederholung, in den Ausweichenden, in den Augenzeugen, in den Maßlosen, in den Blinden. Die Stadt bietet sich an, sie will allen eine Heimat sein. Hier leben die Stummen, die immerzu sprechen. Hier leben die Blinden, die die Welt mit ihren Farben beschreiben. Hier flanieren die Gelähmten auf ihren zwei Beinen, sie tun so unbeweglich, als ob nichts wär. All die Toten in der Stadt, die noch am Leben sind. Am Himmel schwirren geflügelte Worte. Unsere Erinnerungen versinken im saugenden Boden, so bleiben sie auf Ewigkeit konserviert, ein Schatzgrab für folgende Archäologen.

Lebt man in der Stadt, zahlt man seinen Preis. Es muss ein ummantelndes Gespinst geben oder einen festigenden, inneren Stoff, etwas das die Geschicke der Stadt stützt, ihre Fundamente bändigt.

Am Ende irgendeines Tages ziehe ich in einen Palast mit tausend Zimmern. Nach der Nachtwache ernennt mich ein Stadthalter zum Pagen, jetzt diene ich dem Palast. Das ist die Wiederholung des Wunsches den Palast, die Stadt, zu verlassen.

Ich finde nicht mehr hinaus.

Präparat

Das ist die gedachte Realität einer schlanken, scharfen Nadel, die den trockenen Körper eines Schmetterlings schwebend über dem SammlerSamt hält, so dass er nicht fortflattern kann in andere Räume. Unter den studierenden Augen des Sammlers gibt es kein Wegducken, es fehlt die Luft zur Auflösung. Es ist ein starres Theater, der ewige SchauSteller wird sich nicht verbeugen. Der Sammler liebt das Farbenspiel der Flügel, die Symmetrie des Körpers, die perfekte Balance. Immer wieder sagt er: Das ist das sinnvolle Weiterbestehen, die Schönheit die wir uns erhalten, das ist das schöne Leben nach dem Tod. So wiederholt der Sammler seine Begeisterung für das sichtbar gemachte stille Verschwinden.

Im Haus des Sammlers steht ein gestopfter, glasäugiger Hund, dem nach all den Jahren neben einem SchirmStänder die Beine unterm Bauch weggehen. Das ist der Kreislauf von ZeitZeugen, konservierte Gespenster, Unterhändler des Todes.

Rad

Im gedachten Rad bewegt man sich so, dass man im Augenblick eines beginnenden Anstiegs immer schneller wird, läuft bis einen die Kräfte verlassen und es Zeit wird kurz zu ruhen, unbewegt in den Grenzen bleibend.

Die Wiederholung mundgerechter Abschnitte im Kreislauf namenloser Tage, die Wiederholung des Dingetuns im Alltag, das Gewohnte, das Gewöhnte tun, die aneinander geketteten Handlungen wonach Bedarf besteht, so schließt sich der eine Kreis an den anderen an, das sind meine Lebenszeichen. In mir ist ein Kreislauf von Wertung, Verwertung und Wiederverwertung. In mir ist ein Rad, das dreht sich ohne Sinn.

Mein Rad ist für mich bestimmt.

Es ist meine Zeit, die das Rad abläuft.

In mir ist die Wiederholung der Worte meiner Ahnen. Ich bin im Leerlauf der Wiederholungen.

Der Wiederholung falscher Tatsachen.

Der Wiederholung von Propaganda und Gegenpropaganda.

Der Wiederholung von Fremdenhass.

Der Wiederholung von Krieg und Frieden.

Der Wiederholung von Töten auf höheren Befehl.

Der Wiederholung von Zusammenbrüchen.

Der Wiederholung von Verwandlung, Maskierung und Demaskierung.

Der Wiederholung der Feststellung: Die Überwindung der Gewalt gelingt nicht.

Morgens aufstehen und abends ruhen.

Im Rad laufen, im vorgeschriebenem Tempo.

In mir ist die Wiederholung von Zwischenräumen zwischen den Zeilen. Ich bin im Leerlauf der Wiederholungen.

Der Wiederholung von Paarung und Entzweiung.

Die Wiederholung der guten Miene zum bösen Spiel.

Der Wiederholung von »Ja« und »Vielleicht« und »Gleich«.

Der Wiederholung von »So war das nicht gemeint.«

Der Wiederholung von: Der Mensch stirbt nicht so schnell.

Der Wiederholung von Tod und Grabstein und Trauer.

Der Wiederholung von platzenden Blasen und Träumen.

Die Sonne geht auf und wieder unter.

Maschinen gehen an und wieder aus.

In mir ist die Wiederholung des Anfangs, des Immerwieders.
Ich bin im Leerlauf der Wiederholungen.

Der Wiederholung von Kombinationen aus 26 Buchstaben und 10 Zahlen.

Der Wiederholung von Lügen.

Der Wiederholung anderer Meinungen.

Der Wiederholung von Launen des Schicksals.

Der Wiederholung der selbstgedachten Formel: Glück mal Zufall geteilt durch Unglück gleich Schicksal.

Der Wiederholung alkoholischer Betäubung.

Der Wiederholung der Frage: »Was tun, wenn die Augen den Halt verlieren?«

Rein – Raus. Rein – Raus. Rein – Raus.

Schlag auf Schlag. Rausch auf Rausch.

Ich bin im Leerlauf der Wiederholungen.

Nach dem Leerlauf kommt der StillStand, die Ernüchterung. Man ist, was man in sich angesammelt hat. Zu einer ausgemachten Zeit werden die Bücher geschlossen und jemand vollzieht ein Gericht, knotet die letzte Schleife.

Stuhl

Der gedachte Stuhl, wie dieser hier, das schwere Teil aus poliertem Buchenholz, auf dem schon viele saßen, wie elektrisiert, beflissen auf wissbegierige Fragen antwortend, oder sie weinten, verzweifelten, brachen auf ihm zusammen. Einer saß hier, der sich wie ein König fühlte, weil er hier besaß, was sonst niemand durfte. Ein Stuhl also mit langjähriger Erfahrung, der über seine besitzergreifende Fläche schon so viel in sich aufgesogen hat: Angelegenheiten dreister Bittstellerei oder wirres Ausredengerede, Heulen und Flennen und Zähneknirschen, ausgespuckte zotige Anekdoten, ja bitteschön und was noch?

So als ob, wer soll denn das glauben, sagt der SS-Mann, der bequem sitzt, zu dem vor ihm hingestellten Mann, der da steht, mit einem angeheftetem gelben Stoffstern an der Brust. Ich glaube dir nicht, sagt der SS-Mann und mit einer wegweisenden Bewegung seiner rechten Hand, einem beiläufigem WegWinken, beschließt er aus dem Sitzen heraus einen weiteren Tod. Vom Sitzen muss man wieder aufstehen. Ein weiterer Namenloser, jetzt ist er schon niedergeschossen, steht nie wieder auf, seine Geschichte ist vergessen, das war nämlich 1943 im Lager von Buchenau und jetzt ist das Jahr 2016, da sitzt hier ein Anderer, er versucht es mit geradem, durchgedrücktem Rücken, gewandet im schwarzen Ornat, auf diesem schweren Buchenstuhl sitzt er, einer, der sonst die Beichte seiner Herde abnimmt, aber heute hört er nur dem Stuhl zu. Der Stuhl spricht seine Steinholzkälte in den Hintern seines Besitzers und die Geschichte der vergangenen

Jahrzehnte erschrickt den Anderen, lässt ihn, den Prediger verstummen, erinnert es ihn doch stark an seine frühen Priesterjahre, die polierten, kühlen Flächen der Beichtstuhlkabine, der Schweißgestank des Abtes, sein schweres, stoßweises Atmen, das Stöhnen, seine Hände, der feste Griff. Damit fängt es an.

Schweigender, was willst du denn den Stuhlgeschichten noch hinzufügen? Welche Erinnerung? Das ist die Wiederholung sich ähnelnder Geschichten. Denker saßen vor dir hier, Despoten, Huren, Philosophen, Bauern, Soldaten, Streber, Feiglinge, Opfer, Schlächter, Hexen, Quacksalber, Helden, Mörder, jetzt ein Kirchenmann und morgen vielleicht ein Judas, ein falscher Spieler oder ein zerstörerischer Prophet? Wer weiß?

Schweig Priester und füg dem Stuhl nun nichts mehr zu. Die Jahresringe seines Holzes ziehen sich unerbittlich zusammen, ums Auge der Zeit legen sie sich, diese vertrockneten, faserigen Adern. Es geschah Einem. Es geschah Allen. Es geschieht noch. Es geschieht immer wieder. Es wird auch morgen noch geschehen. Der Stuhl steht noch eisern da auf seinen vier stabilen, starren Beinen.

Ein Stuhl, sagt du. Nur ein Stuhl? Das ist das Zentrum, von hier geht es aus, hier beginnt der Kreislauf aus Terror und Unterdrückung.

Wind

Zwei gedachte, speichelbenetzte Finger greifen in die Flamme nach dem glimmenden Docht, es zischt und da ist der eine Moment, der auf den anderen Moment folgt und jetzt brennt das Feuer nicht mehr, jetzt ist die Flamme verlöscht, jetzt siehst du die Welt in einem anderen Licht.

Du und ich, wir stehen hier an der Tür, die raus führt aus unserem Haus und du sagst, erinnerst du dich, es sind alle gegangen, der Wind hat sie mit sich genommen, jetzt sind sie verteilt in der Welt, sie finden nicht mehr zurück.

Der kleine Peter ging mit den Anderen, ließ sich im Morgengrauen schlachten.

Der VaterVater fuhr mit dem Rad unter die Straßenbahn, seitdem schläft er seinen Rausch aus. Eine alte Frau hatte lange Zeit ein schwarzgerahmtes Bild an der Wand, es hielt ihn lange in Erinnerung.

Marie ging mit der falschen Liebe am Fluss spazieren. Wegen Marie weint der alterslose Wind, von Marie hören wir nichts mehr, ihr toter Mund spricht nicht.

Der SchusterSohn wurde über die Jahre weniger, er verbrannte im Inneren mit unlöschbarer Glut, wenn er sprach stieg immer etwas Rauch aus ihm auf.

Der alte König ging mit der letzten Luft die er holte, die Stufen im Haus ertrugen klaglos sein Gewicht.

Das Jetzt liegt in der Mitte der Zeit. Erinnerung, ist der kleinste Raum unter den Räumen, aus denen wir zu einem Teil nicht mehr fortgehen können. Befinden wir uns in der Mitte der Zeit, halten wir uns von der Erinnerung entfernt auf, aber das ist wie Ducken in niederen Büschen.

Manchmal, an sehr leisen Tagen, höre ich draußen den Wind, da geht er daher, langsam und schwer, auch der Wind wird mal müde. Er zieht um die Häuser und Hütten, macht dabei ein flaches, doch bleibendes Geräusch, ähnlich dem Atmen einer Kathedrale. Das ist die Wiederholung des Windes, der mit sich nimmt, was sich ihm fügt.

Zauber

Im klarsten Blau entstiegen wir dieser Welt, diese angenommene Welt, die unser Ort der Verbannung ist, mit jenem Sehnsuchtsort am Firmament, der uns übersteigt, unsere angestammte Welt, die kreislaufrund auf- und niedergeht in unüberwindbarer Ferne, uns ruft und ruft, doch wir, die auf immer Schweigenden, werden nicht antworten in einer verstehbaren Sprache.

In ihren einhundert Räumen der Erinnerung bewahrt die Mutter der Musen einhundert Geschichten auf, stellt sie gegen das Vergessen aus, zur Schau, Zerstreuung, Belustigung und Bestaunung, doch damit Niemand beunruhigt ist, hat sie Wahrheit und Wirklichkeit der Geschichten verborgen unter einem schönen Schein.

Wir klagten sie an, bezichtigten sie der Lüge, der Täuschung und des Betrugs und sie zeigte uns ihr wahres Gesicht, ihr zischendes, wimmelndes Haupt, ihr wildes Haar. Sie schickte uns in dieses kälteste Blau, hier stehen wir aufgespannt in harter Haut.

Wir sind die Wiederholung der Brüder und Schwestern aus Stein, für immer sehend, immer hörend, immer furchtfrei. Wir blicken wie Schafe auf, schon selbst göttlich geworden, im fortwährenden Zauber.

Was wir sind?

Wir sind die stummen Chronisten.

Christoph Kleinhubbert, geb. 1962, lebt und arbeitet im Emscherdelta.
Zuletzt erschien von ihm im NordPark Verlag der Gedichtband »alles auf einmal«.

Christoph Kleinhubbert
alles auf einmal
Gedichte
Heftbroschur mit Schutzumschlag
92 S.; 2014; EUR 6,50
Die besonderen Hefte
ISBN: 978-3-943940-03-9

Christoph Kleinhubbert schreibt Poesie, die leicht ist und schwer, spröde und zart, hart und laut und böse und verletzt. Hier ist Verharren und Wahrnehmen und dieser kleine Spalt im Alltag, der Erkenntnisse freilegt, Wahrheit und Empfindung. Hier ist Lyrik aus dem Emscherdelta, eine herbe Stimme, die es in Worte fasst, das Leben mit Stadt, Land, Müll und Tod –
alles auf einmal …